Frau Honigs zauberhafte Tipps
fürs Wochenende

Sabine Bohlmann

Frau Honigs

ZAUBERHAFTE TIPPS FÜRS WOCHENENDE

Mit Illustrationen von Joëlle Tourlonias

PLANET!

Inhaltsverzeichnis

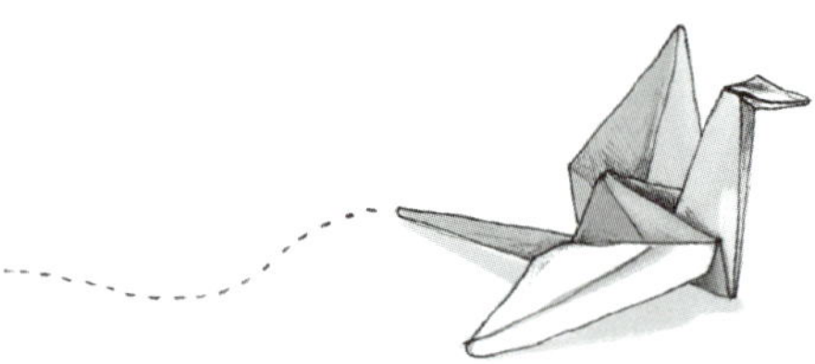

Willkommen Frau Honig

Honig. Elsa Honig. Die VFFDGIELWSW schickt mich.

Wer?

Die Vermittlungsstelle für Familien, die gemeinsam in ein lustiges Wochenende springen wollen.

Und was wollen Sie?

Ich möchte Familien helfen, gemeinsam wundervolle Wochenenden zu verbringen. Hier in meinem Kopf befinden sich tausendundeine Gebrauchsanweisung für eine lustige, turbulente, schöne, mal etwas andere, alberne, sinnlose oder auch sinnvolle Wochenendgestaltung.

Na, dann treten Sie ein!

Meine Wochenend-Ideen sind nur als Anregungen anzusehen. Vielleicht beginnt das Weltraum-Wochenende mit dem Bau einer Papprakete und diese finden die Kinder so toll, dass danach einfach weitergespielt wird. Vielleicht hat man dann auch schon genug vom Weltraumthema und möchte das Wochenende unter dem gebastelten Planeten-Mobile lesend und gemütlich verbringen. Alles ist erlaubt. Und was ich ganz besonders erlaube und empfehle, ist auch immer wieder: NICHTS TUN! Einfach nichts tun! Die Beine baumeln, fünfe grade sein lassen, abhängen, relaxen, runterkommen vom Alltagsstress, jeden seiner Wege gehen lassen, sehen, wo einen der Tag hinführt, genießen, es sich gemütlich machen, den Perfektionismus in die Schublade sperren, Termine absagen, kuscheln und sich auch gern mal langweilen. Aber zwischen all diesen ruhigen Wochenenden, wenn man mal Nägel mit Köpfen (ich sage ja immer gern: Nägel mit Knöpfen) machen möchte, wenn ihr Lust auf einen Ausflug, ein Abenteuer oder etwas ganz Verrücktes habt, dann könnt ihr euch am Freitagabend dieses Buch nehmen und euch eines dieser wundervollen Wochenenden aussuchen.

Aber nicht vergessen: Weniger ist oft mehr! Lieber eine Sache, die Spaß macht, eine Weile genießen, als von einer Aktion zur anderen zu hetzen!
Und nun, hüpft mit mir in Pfützen, lasst euch auf Seifenblasen tragen und kommt mit auf meinem fliegenden Teppich in meine zauberhaften Wochenenden.
»Alles ainstaigän, Türrrän schließön. Vorrrsicht bei die Abflug!«

Mit honiggelben Grüßen

Elsa Honig

Die Zeit

Nichts ist so wertvoll wie die Zeit, die ihr euch schenkt. Aber ihr schenkt nicht nur eure wundervolle Zeit her, ihr erhaltet gleichzeitig eine. Packt doch mal ein liebevolles Päckchen, in dem symbolisch ein bisschen Zeit von euch liegt, und schenkt sie einem Familienmitglied.

1

Ideen für Frau-Honig-Wochenenden

Stellt euch vor, es klingelt eines Tages an der Wohnungstür und eine Frau Honig steht davor. (Ich weiß, es gibt nur eine, nämlich mich, aber nur mal angenommen.) Und nicht nur das, kurzum zieht sie bei euch ein. Viel Platz braucht sie nicht. Sie findet überall ein Fleckchen zum Schlafen und auch einen Ort für ihren Bienenkorb.

Und jetzt ist sie da. Mitten in eurer Familie.

Wie würde euer Wochenende aussehen?

Zieht euch was Gelbes an!

Startet ein Bienenprojekt

Wie sage ich immer? Lasst Blumen wachsen und Bienen fliegen. Bienen sind wichtig für uns Menschen. Und sie sind in Gefahr. Wir müssen alles dafür tun, um sie zu unterstützen, damit sie genug Blüten finden und genug Orte haben, an denen sie sich wohlfühlen.

Baut doch ein Bienenhotel, das geht ganz einfach. Ihr braucht eine leere Blechdose und Bambusröhren. Röhrchen auf Dosentiefe zurechtschneiden, hineingeben, bis die Dose ganz voll ist, fertig.
Man kann auch einfach einen Gitterziegel als Wildbienen-Nisthilfe nehmen. Darin befinden sich bereits perfekte Löcher für die Brut.

Besuch beim Imker

Gibt es Imker bei euch in der Nähe? Ein Besuch lohnt sich auf jeden Fall, um viel über diese wunderbaren Tiere zu erfahren.
Und wenn euch zu Hause langweilig wird, tanzt doch mal den Schwänzeltanz der Bienen.

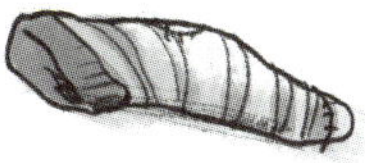

Bei schlechter Laune werden einfach **freundliche Gesichter aus dem Pulli** geholt.

Böse Worte werden in die **Böseworte-Schublade** oder in ein Böseworte-Marmeladenglas gesprochen. Passt auf, dass euch keine entwischen, wenn ihr die Schulbade oder das Glas öffnet.

Ihr könnt Socken an die Lampe schießen oder auch ein **Sockenmonster-Theater** basteln und aufführen.

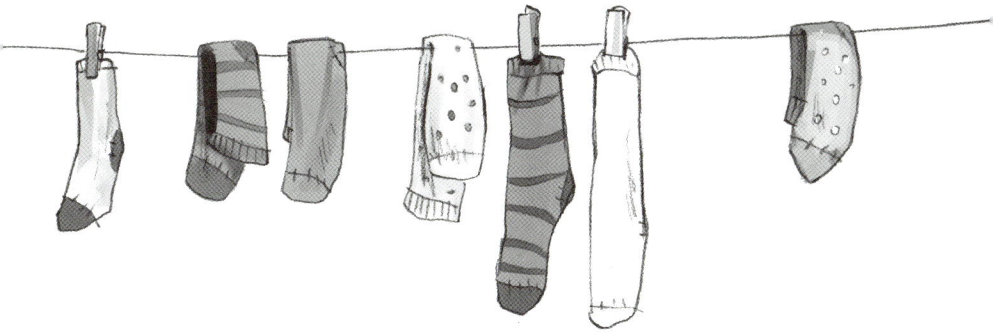

Frau Honig im Schuhkarton? Wieso nicht?

Bastelt doch eine Szene in einem Schuhkarton nach. Dafür dürfen auch kleine Puppen oder Playmobilmenschen als Frau Honig herhalten.

Wenn ihr Frau Honig wärt und in einer Schule als Aushilfslehrerin arbeiten würdet, wie würde der Stundenplan aussehen? Wie würde überhaupt eure **Traumschule** aussehen? Malt doch ein Bild davon.

Was ist denn Fantasie?

Kann man Fantasie kaufen?
Im Laden vielleicht?
Guten Tag, ich hätte gern
eine Portion Fantasie.
In Scheiben oder am Stück?
In der Wundertüte bitte!

Habt ihr euch schon immer **ein Tier gewünscht** und eure Eltern haben gesagt, uns kommt kein Tier ins Haus? Dann hab ich was für euch: Hände auf, von mir bekommt ihr eine unsichtbare Babyzwergspitzmaus.

Hier hab ich sie und jetzt leg ich sie euch in die Hände. Ist sie angekommen? Dann schnell die andere Hand drauf, damit sie nicht wegläuft.

Und jetzt schaut doch mal in eure Hände. Vorsichtig, damit sie nicht erschrickt!

Wie sieht sie aus? Eure Babyzwergspitzmaus?

Malt doch mal ein Fantasietier.

Vielleicht einen Sprottenhoppler? Oder wie wäre es mit einem Lahmdudel. Einem Fauennager – einem Roschhops. Oder einer Fasiliusbergamotte?

Klar, die ist ja unsichtbar, aber für euch ist sie sichtbar. Nur für euch.
Seid ihr schon gespannt, was aus ihr wird? Vielleicht verwandelt sie sich in einen Drachen!
Alles ist möglich in eurer Fantasie!

Die verrückten Tage

Heute macht jeder, wenn er spricht, seine Sätze zum Gedicht.
Man kann auch mal alles singen, was man sagen möchte. Dann befindet man sich hoppladihoppo in einem eigenen Musical.

Wer hat die größte Fantasie?

Der erhält heute die Fantasieurkunde.

Rettet die Wörter!

Sucht nach alten Wörtern, die nicht mehr gebraucht werden, und nehmt euch vor, sie heute, sooft es geht, in euren Tag einzubauen.

Tag der Komplimente

Verschenkt Komplimente, auch an fremde Menschen.
»Schöne Frisur, Frau Müller.«

»Ihr Auto sieht heute aus wie frisch poliert.«

»Sie sind die freundlichste Verkäuferin, die ich kenne.«

»Mir fällt heute zum ersten Mal auf, wie schön blau deine Augen sind.«

Es gibt auch ganz schön viele **seltsame Tage**. Die kann man auch im Internet finden. Seht doch mal nach, was für ein Tag am Wochenende ist und gestaltet diesen Tag danach.

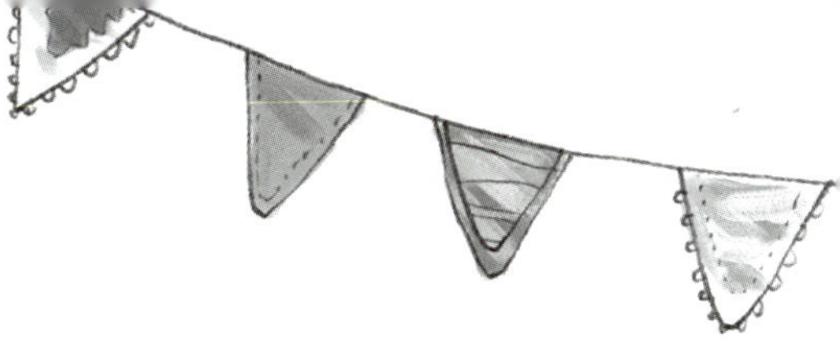

Beispiele für seltsame Tage:

Trag-zwei-verschiedene-Schuhe-Tag
Gieß-eine-Blume-Tag
Tag des Dankeschöns

Tag der Jogginghose
Weltschlaftag
Einhorntag
Tag des Pfützespringens
Tag des Quietscheentchens
Weltknuddeltag
Eis-zum-Frühstück-Tag
Danke-einem-Briefträger-Tag
Schick-einem-Freund-eine-Karte-Tag
Verschenk-ein-Buch-Tag
Alles-was-du-machst-ist-richtig-Tag
Alles-was-du-denkst-ist-falsch-Tag
Welttag der Poesie
Omabesuchstag
Tag des Wunsches

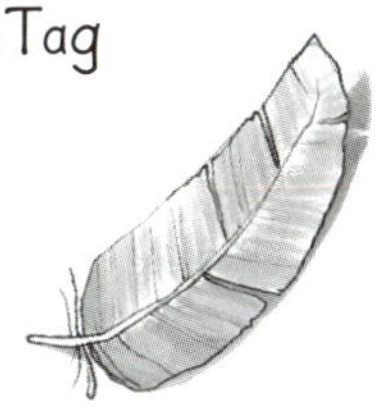

Schreibt eine **Liste, was man als Kind unbedingt in seiner Kindheit gemacht haben sollte**. Hier ein paar Beispiele:

Kopfüber vom Baum baumeln
Seifenblasen pusten
Laut singen
Hüpfen
Kirschkernspucken
Einen Himbeerbonbonbaum pflanzen
Eiszapfen abschlecken
Nasenzwicker aufsetzen
Teig schlecken
Einen Papierflieger basteln und aus dem Fenster schweben lassen
Eine Gänseblümchenkrone basteln
Eine Höhle aus Decken bauen
Einen Lampionumzug veranstalten
Auf Mauern laufen
Sandburgen bauen
Sich bis zum Hals im Sand einbuddeln
Geheimsprache sprechen
Eine Flaschenpost verschicken
Ein Elfenhaus bauen

Bilder malen
Verstecken und Fangen spielen
Drachen steigen lassen
Auf einen Baum klettern
Mit Stofftieren sprechen
Im Bett hüpfen
Glühwürmchen fangen
Kaulquappen im Fluss angeln
Arme ausbreiten und fliegen lernen
Kastanien sammeln
In Blätterhaufen hüpfen

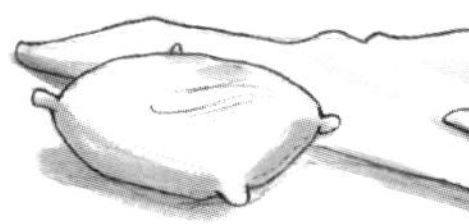

Verrückt spielen
Kissenschlacht machen
Sich einen Hang hinabrollen
In Pfützen springen
Am Kiosk ein Brausestäbchen kaufen
Zum Frühstück Eis essen
Mit den Füßen baumeln
Pusteblumen pusten
Mit einem Kreidedrachen fliegen
Sich auf einem fliegenden Teppich ins Bett
fliegen lassen

Und Honig darf an einem Frau-Honig-Wochenende natürlich auch nicht fehlen. Hier ein paar **Honig-Rezepte:**

Für glänzende Haare:

1 TL Honig
2 EL Olivenöl
1 Eigelb
Alles gut verrühren und dann auf die Haare/in die Haarspitzen streichen. Kurz einwirken lassen und danach gut mit klarem Wasser ausspülen oder wie gewohnt die Haare waschen.

Honigshake:

1 Joghurt, 1 Banane, 1 Orange, 1 EL Honig in den Mixer stecken und fertig ist der Honigshake.

Gesichtspeeling:

2 EL Quark
1 EL Honig
1 TL Zucker
Alles verrühren und ein paar Minuten auf dem Gesicht einwirken lassen, dann zart rubbeln und mit lauwarmem Wasser abspülen.

Gesichtsmaske

3-4 EL Milch
2 EL Honig (fester)
Ein paar Tropfen Zitronensaft

Mit einem Pinsel verrühren und auf die Gesichtshaut auftragen. Mund und Augen freilassen. Einwirken lassen und danach die Reste mit einem feuchten Tuch abwischen.

Zum Einschlafen

Eine Tasse Milch mit 1 TL Honig erwärmen.

Was wäre ein Frau-Honig-Wochenende ohne einen **Flug mit dem fliegenden Teppich** am Abend ins Bett? Die Großen legen eine Decke vors Kinderzimmer und rufen: »Derrr fliegende Teppich, alles ainstaigäään, Türrään schließön. Vorrrsicht bei die Abflug!« Die Kleinen setzen sich drauf, »schließen die Tür«,

»schnallen sich an« und nun wird der Teppich über den Flur oder durchs Wohnzimmer gezogen. Im Bad darf kurz abgeschnallt werden, um die Zähne zu putzen, und dann geht der Flug zurück ins Bett.

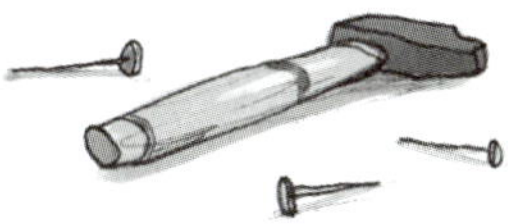

2

Das Gute-Taten-Wochenende

Jeden Tag eine gute Tat – so heißt es doch bei den Pfadfindern. Startet an diesem Wochenende ein »Gute-Taten-Projekt«. Werdet Weltverbesserer! Wie viele gute Taten schafft ihr an diesen zwei Tagen? Oder wie lange haltet ihr es durch, jeden Tag eine gute Tat zu vollbringen?

Legt euch ein kleines Heftchen an, in das ihr die guten Taten schreiben könnt.

Wer aus der Familie wird der Oberpfadfinder? Wer schafft am meisten gute Taten?

Kauft oder bastelt Buttons zum Anstecken. Jeder, der eine gute Tat vollbracht hat, bekommt einen Button. Wer am Ende die meisten hat, hat gewonnen und bekommt ... einen Button!

Nein, nicht irgendeinen Button, den »Superduper-Button der guten Taten«.

Und was sind nun gute Taten?

Man könnte ...

- Herzkekse backen und an alle Nachbarn verschenken.
- möglichst viele Komplimente aussprechen und möglichst viel loben.
- für jemanden einkaufen gehen, der alt oder krank ist oder wenig Zeit hat.
- einem älteren Menschen etwas vorlesen.
- Brote schmieren und diese Obdachlosen schenken.
- mit vielen 50-Cent-Stücken in der Tasche durch die Stadt gehen und diese an Straßenmusiker verteilen.
- jemandem die Tür aufhalten.
- jemand Fremdem das Auto von Schnee und Eis befreien (das geht am besten im Winter).
- etwas spenden (Geld, Kleider, Spielzeug).
- etwas verschenken (Kinderkleider, die zu klein geworden sind).
- eine Patenschaft übernehmen für ein bedürftiges Kind im Ausland und diesem dann an diesem Wochenende der guten Taten den ersten Brief schreiben.

- ein Grab herrichten, um das sich niemand mehr kümmert.
- jemanden anrufen, den man schon lange nicht mehr gesprochen hat.
- jemandem Blumen schenken.
- jemandem etwas basteln, malen, nähen.

- jemandem das Auto waschen.
- sprecht mit jemandem, mit dem ihr sonst nie sprecht.

- legt ein kleines Sparschwein an, in das immer mal wieder etwas geworfen werden kann (zum Beispiel 50 Cent für jedes Schimpfwort). Das Geld kann irgendwann für einen guten Zweck gespendet werden.

- Gründet doch einen Robin-Hood-Klub. Schließt euch mit anderen Kindern zusammen und vollbringt gute Taten, helft den Armen und Schwachen!

KRISPY
FRISPY
ERDBEER

3

Das total verrückte Wochenende

Verrückt sein, anders sein, Dinge machen, die man noch nie zuvor gemacht hat, weg vom Gewohnten, hin zum Ungewohnten, die Welt mit anderen Augen sehen, darum geht es an diesem Wochenende. Beginnt schon das Frühstück damit, dass andere Dinge auf dem Tisch stehen als normal. Nehmt statt Wurst einfach mal Käse, statt Brot ein Müsli, macht statt Frühstücksei Pancakes und statt Kakao einen leckeren Tee. Jeder versucht mal etwas anderes.

Und was kann man jetzt alles an so einem **verrückten Wochenende** machen?

- Eine Probefahrt in einem tollen Auto.

- Im Kornfeld schlafen.
- Nachts nackig in einen See springen.
- Mit dem Auto durch die Waschanlage fahren und laut singen.
- Bodypainting
- Strafzettel an fremden Autos mit einem Smiley bemalen.
- Belohnungszettel unter Scheibenwischer klemmen, auf denen steht:

oder

- Auf einem Hügel ein Gipfelkreuz anbringen.
- Alle Bilder in der Wohnung ab- und neue aufhängen.

- Eine Kuh melken (das ist natürlich an die Städter unter euch gerichtet).
- Schreien, so laut ihr könnt.
- Ein Kinderspielzeug kaufen, das ihr, liebe Eltern, euch immer gewünscht, aber nie bekommen habt.
- Eine lustige Anzeige in einer Zeitung schalten.
- Alle Namensvettern anrufen (Nummern aus dem Internet oder Telefonbuch heraussuchen).

Beginne eine Sammlung zum Beispiel von

Postkarten, Stempeln, Briefmarken, Tassen, Salz- und Pfefferstreuern, Eulen oder Elefanten, Bierdeckeln, Knöpfen, Seifen …

Lernt ein Gedicht auswendig

Es ist wunderschön, ein paar Gedichte auf Lager zu haben. Und es fördert auch noch das Gedächtnis. Sucht euch also ein Lieblingsgedicht, lernt es und tragt es am Sonntagabend vor.

Bringt euch etwas bei, was ihr noch nicht könnt:

ein Instrument spielen, Stricken, Reiten, eine neue Sportart (Yoga, Golfen, Judo, Baseball), Jonglieren, Radschlagen oder Handstand

Außerdem ist es Zeit für Mutproben

- laut auf der Straße singen
- etwas Gewagtes anziehen
- im Schwimmbad vom 10-Meter-Brett springen

Oder

- Verbrennt eure Sorgen.
- Macht einen Ausnahme-Süßkramtag.

- Setzt euch in einen Zug und fahrt irgendwohin.
- Zeltet im Garten.
- Macht eine Stadtrundfahrt in der eigenen Stadt.
- Tanzt bei Vollmond und heult den Vollmond an oder singt ganz laut in die Nacht: »Weißt du, wie viel Sternlein stehen ...«
- Fangt Glühwürmchen!
- Bleibt die ganze Nacht auf.

- Falls ihr einen Flughafen oder Bahnhof in der Nähe habt: Macht es euch gemütlich und schaut den Reisenden zu – wer kommt wohl woher und wo fährt wer hin?

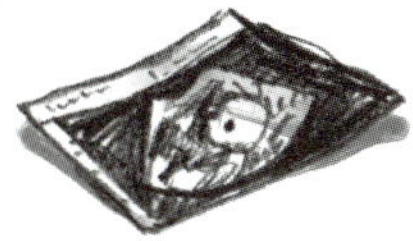

4

Das große Vorlese-Wochenende

Dieses Wochenende beginnt mit einem Gang in die Buchhandlung. Geht in die kleinste oder die größte Buchhandlung oder aber in die freundlichste (Letztere sind mir immer am allerliebsten). Und dann geht's los: Jeder darf sich ein Buch aussuchen. Jetzt wird gestöbert, geschwelgt und alle Nasen werden in Bücher gesteckt. Und wenn jeder ein Buch hat, gibt es auch noch ein Gemeinschaftsbuch. Zum Vorlesen. Zu Hause darf natürlich jeder erst mal in sein eigenes Buch versinken. Aber zunächst werden überall gemütliche Leseinseln gebaut. Leseinseln können Kissenberge, Matratzenlager, Sitzsäcke, Liegestühle im Garten (oder in der Wohnung), Hängematten im Garten (oder in der Wohnung) oder einfach nur das größte Bett im Hause sein. Hin und wieder gibt es kleine Knabbereien. Oder einen Obstteller.

Ihr könnt auch alle Kinderbücher aus dem Regal holen, die ihr schon lang nicht mehr angesehen und gelesen habt.
Redet über Bücher: Welche Kinderbücher waren die Lieblingsbücher der Eltern, als sie klein waren? Und warum?

Wenn es Sommer ist, könnt ihr auch ein Lesezelt im Garten aufschlagen oder ein Sofa auf den Rasen stellen oder eine Matratze mit vielen Kissen einfach auf die Wiese legen.
Im Lesezelt kann dann mit Taschenlampen **eine Lesenacht** veranstaltet werden. Apropos Lesenacht: Habt ihr nicht Lust, auch noch andere Kinder oder sogar Familien zu eurer Lesenacht einzuladen? Jeder bringt sein Lieblingsbuch mit und liest daraus ein Kapitel vor. Und dann können auch Geschichten erzählt werden. Kleine Gruselgeschichten vielleicht? Lesen ist einfach etwas Wunderbares!

Und was tun mit Lesemuffeln? Wie wäre es mit einem Comic oder einem Comicroman?

Lest gemeinsam ein Buch, einer liest die langen Erzähltexte und der andere die wörtlichen Reden. Vielleicht liest jeder abwechselnd eine Seite vor. So kann man sich zwischendrin auch wieder ausruhen.

Idee für Leseeinsteiger oder Lesemuffel: Die Leseschlange

Malt eine Schlange auf ein Papier. Diese bekommt nun ein Strichmuster. Dadurch entstehen viele Felder. Jedes Mal, wenn das Kind nun 10 Minuten vorliest, darf es ein Feld der Leseschlange ausmalen. Ist die Schlange ganz bunt ausgemalt, bekommt das Kind zur Belohnung – na? Was wohl? Ein neues Buch!

Wie wäre es, wenn ihr eine Lesung veranstaltet. Jeder liest aus seinem Lieblingsbuch ein Kapitel vor.

Was beim Vorlesen wichtig ist:

Um ein guter Vorleser zu werden, muss man ein paar Dinge beachten:

- eine gemütliche und ruhige Atmosphäre schaffen
- nicht zu schnell lesen
- an den richtigen Stellen betonen
- wörtliche Reden mit verschiedenen Stimmen, passend zu den verschiedenen Rollen, lesen
- die Stimme mal leiser, mal lauter werden lassen
- wenn es unheimlich wird, auch unheimlicher sprechen

Wenn man so mittendrin ist in einem spannenden Buch, ist es schön, sich noch auf andere Art mit dem Inhalt auseinanderzusetzen.

Ihr könntet:

- später über das Gehörte sprechen. Wie hättest du gehandelt, wenn du an der Stelle des Helden/der Heldin wärst? Wie denkst du, geht es weiter?
- Bilder zur Geschichte malen.
- Figuren malen und ausschneiden, dann kann man die Geschichte auch nachspielen. Vielleicht habt ihr ja die Möglichkeit, die Figuren laminieren zu lassen, dann gehen sie nicht so schnell kaputt.

Macht doch mal aus einem Lieblingsbuch ein eigenes Hörspiel.

Lest ein Lieblingsbuch in verteilten Rollen oder jeder liest ein Kapitel. Dann kann man das Hörbuch zu Geburtstagen an die Großeltern verschenken und natürlich auch noch einmal selbst auf der nächsten langen Autofahrt anhören.

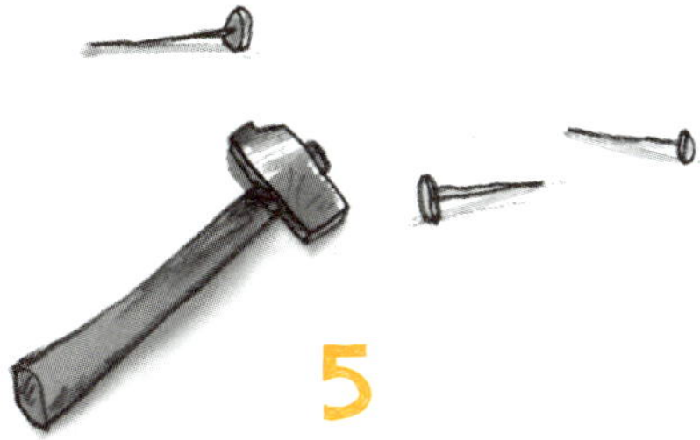

5

Das Reparier-Wochenende

Kennt ihr das? Am Hemd fehlt ein Knopf, an der Lieblingskanne der Henkel, am Spielzeugauto ist ein Rad ab, aus dem Schulbuch fallen ein paar Seiten und die Fußleiste im Kinderzimmer wollte man schon seit Monaten festmachen. Genauer gesagt, seit man eingezogen ist.

Inzwischen sieht man die Macken hier und da gar nicht mehr, und Dinge, die gerichtet werden müssen, liegen auf einem Stapel herum und warten auf bessere Zeiten. Es gab schon mal Kinderhosen, die auf einen neuen Knopf warteten. Sie warteten so lange, bis sie dann schließlich nicht mehr passten.

Deshalb empfehle ich euch nun die Repariertage. Dieses Wochenende ist es so weit!

Dazu werden die Woche über alle zu reparierenden Dinge in einen extra dafür aufgestellten Korb gelegt. Außerdem wird am Samstagmorgen eine Liste angefertigt für jedes Zimmer, auf der steht, was hier und da zu erledigen ist – hier blättert ein wenig Farbe von der Wand, dort könnte man einen kleinen Haken für das Handtuch brauchen, das Foto vom Urlaub wollte man auch schon lange mal aufhängen. Jetzt wird geprüft, ob alles Werkzeug vorhanden ist, oder ob man erst gemeinsam in den Baumarkt fahren muss, um noch etwas zu besorgen. Oder auch den Nachbarn fragt, der eine Werkstatt im Keller hat.

Und dann geht es los. Es wird gehämmert, geschraubt, geklebt und genäht. Dabei kann einer ein Buch vorlesen oder ein Hörspiel anschalten.
Jeder macht mit, das heißt, jeder bekommt eine Aufgabe, der er gewachsen ist. Wer kann schon hämmern, wer nähen, wer mit Gips die Wand ausbessern? Die Kleinen könnten auch die Aufgabe bekommen, auf einem Schmierpapier alle Stifte des Hauses zu kontrollieren. Die Stifte, die nicht mehr funktionieren, werden sofort weggeworfen.
Verletzte Plüschtiere und Puppen kommen zum Puppendoktor (Mama oder Oma), der ihnen erst

eine kleine Narkose verpasst, bevor sie genäht werden. Verband oder Pflaster bereitlegen, dann bekommen die kuschligen Gefährten strengste Bettruhe verordnet. Und ein Gummibärchen für den Besitzer, weil er so tapfer war.
Am Ende des Wochenendes ist endlich alles mal wieder in Ordnung. Man belohnt sich mit einem schönen Essen bei Kerzenschein und freut sich, bis die nächsten Dinge im Korb der kaputten Sachen landen. Aber das nächste Reparierwochenende kommt bestimmt.

Und wenn es nichts zu reparieren gibt, kann man natürlich auch pimpen. Ein Schränkchen neu anmalen, eine Wand mit schönen Bildern behängen, der alten Lampe eine hübsche Umhäkelung häkeln ... und schon sieht alles ein bisschen verändert aus.

6

Das Ramadama-Wochenende

Habt ihr auch manchmal das Gefühl, von eurer Wohnung erdrückt zu werden? Kennt ihr das: Man möchte einen Pulli in den Schrank legen und fünf andere fallen einem entgegen?

Möchtet ihr auch manchmal einfach weniger Dinge haben?

Dann seid ihr an diesem Wochenende genau richtig.

Denn jetzt heißt es: **Ramadama** (auf Hochdeutsch: Räumen tun wir).

Ärmel hochkrempeln, in die Hände spucken und los geht es.

Holt euch zuerst einmal Umzugskartons. In jedem Zimmer stehen nun zwei große Kisten. Eine für den Flohmarkt und eine für den Müll. Vielleicht noch eine Tüte für »Verschenkungen«. Denn man möchte die Dinge ja auch loswerden. Und verschenken macht manchmal noch glücklicher, als die Sachen für ein paar Euro auf einem Flohmarkt zu verkaufen. Es ist natürlich praktisch, an einem Tag auszusortieren, wenn es bald darauf einen Flohmarkt in der Gegend gibt. Denn es macht nicht wirklich frei, wenn die Kisten wochenlang in der Wohnung rumstehen. Zu groß ist dann auch die Gefahr, dass man das eine oder andere Teil doch noch mal herauszieht.

Jetzt geht ihr Zimmer für Zimmer und Schrank für Schrank durch. Ihr könnt euch auch ein Ziel setzen, zum Beispiel: Zehn Dinge pro Regal/Schrank kommen weg. Und überlegt genau, was man davon wirklich noch verkaufen oder verschenken kann.

Spürt ihr schon, wie gut das tut? Ja, das macht frei!

Wie viele Dinge braucht der Mensch, um glücklich zu sein? Genügen zwei Garnituren Bettwäsche? Kann man Bücher weggeben, die man schon einmal gelesen hat und sich sicher ist, sie niemals in seinem Leben noch einmal zu lesen? Einzelne Socken? Weg! Einzelne Handschuhe? Weg!

Habt ihr im Freundeskreis kleinere Kinder? Am schönsten ist es, Kinderkleidung weiterzuschenken. Dann freut sich nicht nur der Beschenkte, sondern auch der Schenker. Denn dann sieht man hin und wieder ein T-Shirt, eine Hose oder ein Kleidchen, das die eigenen Kinder getragen haben.

Was man auf dem Flohmarkt alles braucht:

- Klapptisch/Tapetentisch
- Wechselgeld und Kasse
- Papiertüten
- Hocker oder andere Sitzmöglichkeiten
- Kopfbedeckungen
- Getränke und Brotzeit

Sortiert an eurem Stand alles schon mal nach Kleidung, Büchern und anderem Krimskrams. Nehmt euch vor, jedes Stück für unter fünf Euro zu verkaufen. Schließlich wollt ihr die Dinge nicht mehr mit nach Hause nehmen, oder?
Flohmarkt macht nur richtig Spaß, wenn man auch Flohmarktpreise hat.

Handeln darf natürlich sein, also legt auf alles einen Euro drauf, dann seid ihr nach dem Handeln bei dem Preis, den ihr angestrebt habt.

Von dem Geld, das ihr auf dem Flohmarkt verdient habt, könnt ihr am Sonntagabend schön essen gehen und euch für die viele Arbeit belohnen.
Wenn ihr nach Hause kommt, erfreut euch an den Schränken, in denen jetzt wesentlich mehr Platz ist und aus denen euch nichts mehr entgegenfällt.
Nehmt euch vor, in Zukunft für jedes Kleidungsstück, das ihr euch kauft, eines wegzugeben. Und für jedes Buch eines auszusortieren.

Wenn kein Flohmarkt in Sicht ist, veranstaltet doch einen kleinen privaten Flohmarkt bei euch in der

Garage, im Garten oder sogar in eurem Wohnzimmer. Ladet mit Plakaten oder sogar kleinen Flyern ein.

Was? Bei euch gibt's nichts auszuräumen? Dann veranstaltet ein Ramadama in der Wohngegend oder im nahe gelegenen Wald. Trefft euch mit Nachbarfamilien und sammelt Müll auf. Das tut euch und der Umwelt gut.

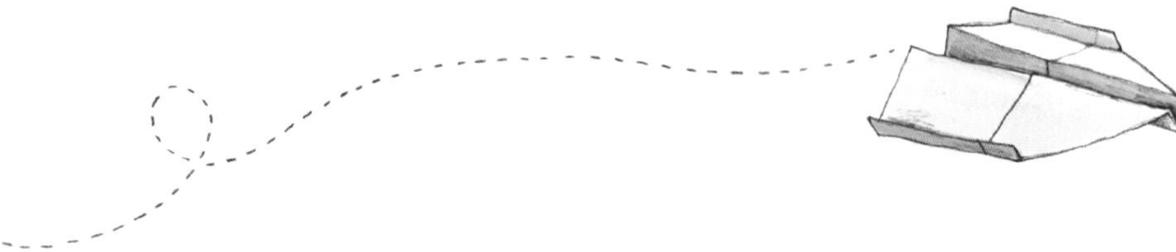

7

»In zwei Tagen um die Welt«-Wochenende

Dieses Wochenende gehen wir auf Weltreise.
Hängt eine große Weltkarte an die Wand und malt mit einem dicken Stift die Reise darauf.
Bastelt für alle Familienmitglieder einen kleinen Reisepass und legt Stempel zurecht, die der Reisende in jedem Land bekommt.
Was braucht man noch? Einen Fotoapparat? Gebastelt oder echt? Ganz nach Belieben.
Wenn ihr echte Fotos eurer Reise knipst, versucht sie doch auch so echt wie möglich aussehen zu lassen. Wo in eurer Gegend gibt es Hintergründe, die zum jeweiligen Land passen könnten?
Vorab kann man auch noch für jedes Land ein entsprechendes Musikstück heraussuchen. Das bringt einen dann gleich in die richtige Stimmung.
Außerdem macht es Spaß, Bücher über verschiedene

Länder in der Bibliothek auszuleihen oder Bilder im Internet herauszusuchen.

Aus Stühlen wird nun ein kleines Flugzeug gebaut. Einer ist der Pilot, ein anderer der Flugbegleiter.
Mit den folgenden Worten könnten die Fluggäste begrüßt werden:

Guten Tag,
meine Damen und Herren.
Ich begrüße Sie recht herzlich an Bord der Boing 007 auf dem Flug rund um die Welt. Bitte schnallen Sie sich an und klappen Sie Ihre Tische nach oben.
Wir wünschen Ihnen einen angenehmen Flug.

Und jetzt geht es los! Von Land zu Land.
Und dabei kann man sogar noch etwas über das Land lernen.

Was wird hier gegessen und was ist sonst noch landestypisch?

Wie heißt die Hauptstadt und wie sieht die Flagge aus?

Wie sagt man in der jeweiligen Sprache Willkommen?

Welcome! Konnichiwa! Merhaba! Hola!

Vielleicht habt ihr Lust, jedem vor diesem Wochenende ein Land zuzuweisen, von dem er der Reiseleiter wird. Der Reiseleiter versucht im Vorfeld alles Mögliche über das Land herauszufinden.

Ist euch die ganze Welt zu viel, fliegt man eben nur in ein Land und lässt die Weltreise über mehrere Wochenenden gehen.

Auch das Essen sollte zum jeweiligen Land passen. Seid ihr in Griechenland? Vielleicht geht ihr zum Griechen um die Ecke und bestellt Pita-Brot, Patates ston fourno, Bifteki oder Souvlaki. Und wenn ihr in Italien gelandet seid, gehören eine selbst gemachte Pizza oder Spaghetti natürlich auch zu eurer Reise.

Hier ein paar Dinge, die ihr in einigen Ländern tun könnt:

Japan

Verbeugen und »Konnichiwa« sagen. Mit Stäbchen essen, Sushi machen, Sumo ringen auf einem Teppich – wer den anderen vom Teppich geschoben hat, hat gewonnen – verbeugen nicht vergessen! Manga-Comics malen, Origami falten, sich japanisch anziehen ...

Spanien

»Olé«: Flamenco tanzen, eine rote Blume ins Haar stecken, Paella kochen und essen, einen Fächer basteln, eine Gitarre aus Pappe ausschneiden oder auf einer echten Gitarre spanische Stücke spielen, die Geschichte von Don Quichote erzählen, der gegen Windmühlen kämpfte ...

Italien

»Ciao«: Nudelbilder kleben, Nudelketten basteln, Eis essen, venezianische Masken aus Gips formen ...

England

»How are you«: Teatime mit Muffins veranstalten, Wachablösung spielen, englisches Lied singen, winken wie die Queen …

Hawaii

»Aloha«: Limbo-Dance, Hoolahoop-Reifen um die Hüften kreisen lassen, einen Hoolatanz veranstalten, Blumenketten flechten, auf einem zusammengeklappten Bügelbrett surfen, das man auf ein paar wackelige Kissen legt, bastelt euch einen Hoola-Rock aus Bast, die Herren ziehen natürlich ein Blumenhemd an. Wie wäre es mit Toast Hawaii? …

Holland

»Goedendag«: Aus einer Milchtüte eine kleine Windmühle basteln, einen Tulpenstrauß kaufen, mit dem Fahrrad einen Ausflug machen, zu essen gibt es alles Mögliche mit Käse …

Afrika

»Jambo«: Trommeln, kleine Zöpfe in die Haare flechten, einen Dschungel (Wald) durchqueren …

Zwischendurch steigt man immer wieder in das Flugzeug. Wenn man möchte, kann man aber auch mal mit einem Boot, auf einem Esel, mit einem Bus, auf einem fliegenden Teppich, mit einem Kamel oder in einem Hubschrauber reisen. Natürlich alles imaginär, falls da je ein Zweifel bestand!

Frau Honigs Tipp:

Diese Aktion macht großen Spaß mit mehreren Familien. Man lädt sich an jedem ersten Wochenende im Monat gegenseitig ein und stellt das Essen unter ein Ländermotto. Alle kommen passend zum Motto gekleidet, der Tisch ist ebenfalls passend gedeckt und vielleicht kennt jemand sogar ein Lied in der jeweiligen Sprache oder weiß zumindest, wie man Guten Appetit sagt.

Was man an diesem Wochenende auch noch machen kann:

Vielleicht beginnt ihr das Wochenende ja damit, die Geschichte von Jules Verne »In 80 Tagen um die Welt« zu erzählen oder vorzulesen. Die Handlung interessiert Kinder jeden Alters.

Erzählt die Geschichte dem Alter eurer Kinder entsprechend angepasst. Vielleicht so:

Da gab es mal einen ganz vornehmen reichen Mann. Einen Gentleman, wisst ihr, was das ist? Der lebte in London. Er hieß Phileas Fogg. Und wie alle Gentlemen ging er jeden Sonntag in einen Klub. Dort traf er sich mit anderen feinen Herren. Es gab einen Streit, wie lange man bräuchte, um einmal um die Erde zu reisen. (Man muss dazu sagen, dass die Geschichte in einer Zeit spielt, in der es noch keine Flugzeuge gab. Er konnte daher nur mit dem Schiff und dem Zug fahren.) Er wettete also, dass er es in 80 Tagen einmal um die Welt schaffen würde. Und er wettete um die Hälfte seines Vermögens. Die andere Hälfte nahm er in einem Koffer mit auf die Reise. Und natürlich seinen treuen Diener Passepartout ...

Habt ihr einen Globus? Dann fahrt einmal mit dem Finger über die Erde. Könnt ihr die Route von Phileas Fogg und Passepartout nachzeichnen?
Vielleicht haben die Kinder Lust, Bilder zu der Geschichte zu malen oder sich selbst Abenteuer zu überlegen, die den beiden passiert sein könnten.

Fragen, die sich vielleicht stellen:
Wie lange braucht man heute einmal um die Welt?
Na ja, das kommt drauf an, womit man fährt. Gehen wir mal davon aus, dass man einmal rund um die Erde will, und zwar am Äquator entlang. Da ist die Welt nämlich ca. 40.075 km dick. Ihr Durchmesser beträgt 12.756,3 km.

Würde man nun also **mit dem Auto** um die Welt fahren – und könnte man dann auch noch mit dem Auto über die Meere fahren, und zwar am Tag 1000 km. Dann wären wir in 40 Tagen einmal rum. **Mit dem Flugzeug** braucht man ca. 48 Stunden, also zwei Tage, vorausgesetzt, man macht keine Zwischenlandung. Wenn man **zu Fuß** gehen will und man schafft am Tag 25 km, braucht man 1603 Tage, das sind ca. vier Jahre und fünf Monate. Es gibt tatsächlich Menschen, die zu Fuß um die Welt gewandert sind. Sie haben ca. 11 Jahre gebraucht. Man wandert ja auch nicht nur. Schließlich möchte man auch mal ein paar Tage an einem Fleck bleiben.

Uijui...

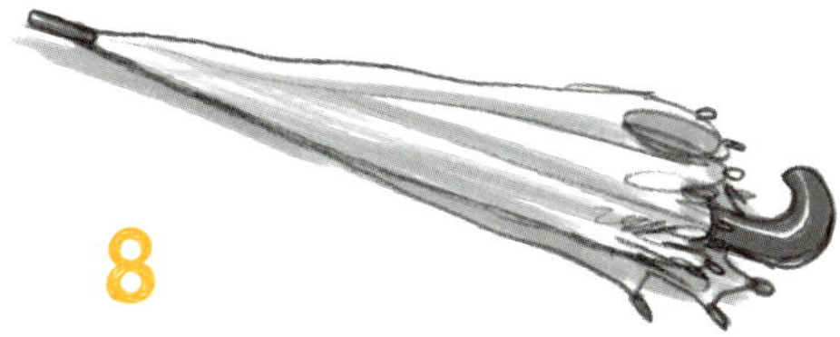

8
Regen-Wochenende

Oh ja, Regenwochenenden gibt es oft. So viele, dass man manchmal den totalen Schönwetter-Stress bekommt, weil man unbedingt rausmuss, wenn mal die Sonne scheint.
Und wenn dann die Sonne länger scheint, ist so ein Regentag zwischendurch auch mal nicht schlecht.
Und was kann man alles tun an solchen Regentagen?

Bemalt doch mal einen Schirm. Ich finde die langweiligen Schirme immer so ... langweilig. Regen ist nun schon mal nicht so lustig, da muss man doch wenigstens lustige Schirme haben. Kauft euch einfach einen einfarbigen Schirm und schreibt mit Stofffarbe lustige Dinge darauf wie:

- Aus Gummistiefeln, die nicht mehr passen, kann man Vasen machen. Oder einen Sonnenblumensamen hineinpflanzen. Gibt es was Schöneres als eine Sonnenblume, die aus einem Gummistiefel wächst?
- Man kann auch am Fenster stehen und dem Regen eine Weile zusehen. Wie die Regentropfen an der Fensterscheibe herunterlaufen, als würden sie an einem Wettrennen teilnehmen.
- Warum ziehen die Menschen, die im Regen gehen, immer die Schultern ein und haben so runzelige Gesichter? Wird man dann vielleicht weniger nass? Beobachtet euch mal selbst, wie ihr durch den Regen lauft. Kann man nicht auch fröhlich durch den Regen spazieren? Das müsst ihr unbedingt ausprobieren. Also Regenjacke und Schuhe an und raus mit euch!
- Wer kann über die größten Pfützen springen?
- Wie wäre es mit einem Sumoringer-Pfützen-Wettbewerb? Das geht so: Zwei Regensumoringer stellen sich gegenüber und stehen beide gebeugt über einer Pfütze. Niemand ist in der Pfütze. Man hält sich an den Händen. Nun muss

man versuchen, den anderen in die Pfütze zu ziehen. Wer das zuerst schafft, hat gewonnen. Verbeugen nicht vergessen. Vor und nach dem Kampf. Verbeugen ist da immer ganz wichtig.

- Lasst doch mal ein Schiffchen durch die Pfütze fahren. Aus einer Nussschale gebastelt oder aus einer Zeitung gefaltet? Auch Blätter sind gute Boote – und wenn man pustet, kann man sie um die Wette fahren lassen.
- Im Regen tanzen! Und was singen wir, wenn wir da so im Regen herumhüpfen? Klar: »I'm singing in the rain!« Oder »Regen-, Regentröpfchen fallen auf mein Köpfchen!«
- Badehosen an, es regnet! Und raus mit euch! Und wenn es sich um einen warmen Sommerregen handelt, lauft doch einfach barfuß durch die Pfützen – das werden echte Kindheitserinnerungen!!! Draußen duschen im warmen Regen. Herrlich!
  Und wenn ihr kalte Füße bekommt, gibt es zu Hause ein warmes Fußbad und heiße Milch mit Honig.

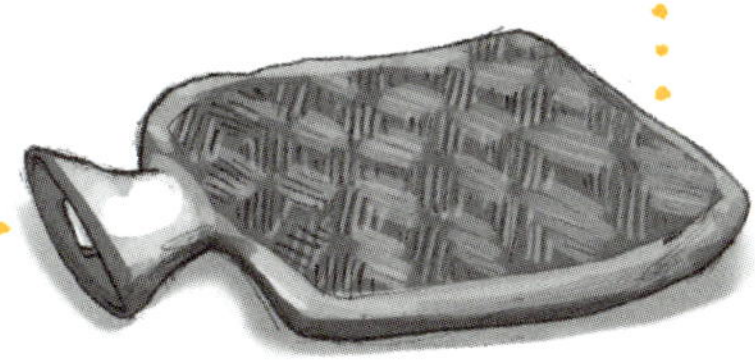

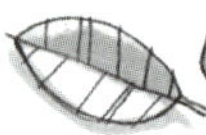

Wenn ihr genug habt vom Regen, könnt ihr auch aus einem Regentag **einen Pyjamatag** machen. Niemand muss sich heute anziehen. Ihr bleibt den ganzen Tag im Bett oder zumindest den ganzen Tag im Schlafanzug!

Dieser Tag sollte erst einmal mit einem wundervollen Frühstück im Bett beginnen. Alle treffen sich im Elternbett, weil das meist am größten ist. Jeder bringt seine Kissen mit, damit man gemütlich sitzen kann. Man redet oder liest ein Buch vor. Wenn das Frühstück weggeräumt ist, darf auch wild gekämpft oder eine Kissenschlacht veranstaltet werden. Kuscheln gehört natürlich auch zu einem Pyjamatag.

Heute wird überhaupt nur gemacht, was gemütlich ist.

Habt ihr das gewusst?

Nicht London ist die Stadt mit den meisten Regentagen in Europa – nein, in Köln und Halle regnet es an bis zu 266 Tagen im Jahr, in London sind es nur ungefähr 154. Die wenigsten Regentage in Europa gibt es in Portugal, Griechenland und Spanien. Am meisten Wasser fällt in Deutschland übrigens in den Monaten Juni bis August vom Himmel, am wenigsten im März und im November.

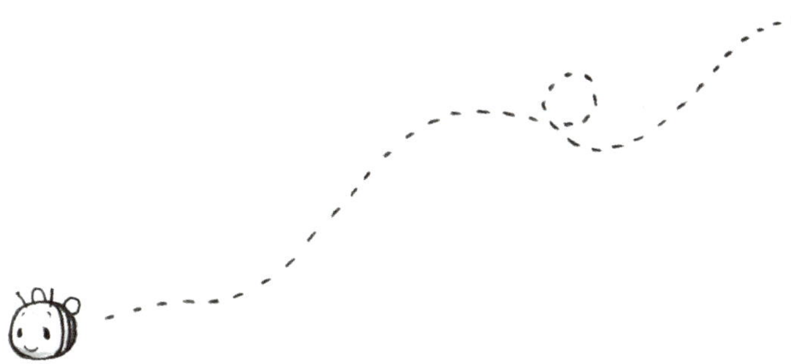

9

Ein Wochenende mit ohne Geld

Kann man ein ganzes Wochenende lustig verbringen, ohne Geld auszugeben? Man kann! Jetzt könnte man natürlich einfach so zu Hause auf dem Sofa sitzen bleiben und warten, bis das Wochenende vorbei ist, und dann die Arme jubelnd in die Höhe strecken und rufen: Geschafft! Aber das ist ja nicht der Sinn dieses Wochenendes. Denn es soll schon eine ganze Menge erlebt werden. **Darum sind hier die Spielregeln:**
Es darf kein Cent ausgegeben werden, es sei denn, man hat ihn durch eigene Ideen und Arbeit an diesem Wochenende verdient.
Am Freitag den Kühlschrank vollfüllen und schon Kinokarten kaufen, gilt nicht.

Gutscheine, die ihr während des Jahres geschenkt bekommen habt, dürfen eingelöst werden. Ihr könnt also auch ein Gutschein-Wochenende machen.

Die Strecken muss man, wenn es geht, mit dem Fahrrad zurücklegen, denn auch das Auto kostet ja Geld. Und wenn das Benzin alle ist – wie sollte man dann tanken?

- Erkundigt euch in der Zeitung oder im Internet, welche Veranstaltungen dieses Wochenende kostenlos sind.
- Auch ein gemeinsamer Gang in eine Bibliothek macht Spaß und kostet nichts.
- Oder wie wäre es mit einem Ausflug in eine Musterhaussiedlung?
- Oder mit einer Tour von einem Spielplatz zum anderen!

Auch ein Gang über einen Friedhof kann schön und spannend sein. Lest die Inschriften der Grabsteine und überlegt euch, was das wohl für Menschen waren, was hatten sie für Berufe? Sucht den ältesten Grabstein. Und welches ist der schönste?

Vielleicht findet ihr es seltsam, ein Spiel auf dem Friedhof zu spielen. Ich finde es wichtig, den Kindern und auch uns Erwachsenen den Schrecken vor einem Friedhof zu nehmen. Und vielleicht sitzt da der eine oder andere auf seiner Wolke und freut sich über ein ausgelassenes Kinderlachen!

In vielen Städten gibt es spannende Dinge, die kostenlos angeboten werden.

Zum Beispiel kann man in Berlin den Reichstag umsonst besichtigen.

Die meisten Museen haben sonntags freien Eintritt.

Auch der Gang durch ein Möbelhaus kann großen Spaß machen. Überlegt, wie ihr euer Wunschhaus einrichten würdet. Nehmt euch Prospekte mit und schneidet zu Hause die Möbel aus. Malt ein Haus auf ein großes Papier und richtet dieses mit den Möbeln aus dem Prospekt ein.

Und wenn man Hunger bekommt?

Manchmal kann man in Feinkostkaufhäusern an den verschiedenen Theken kleine Häppchen probieren. Man kann sich aber auch ganz spontan bei Familie Mustermann einladen, die freuen sich sicher sehr.
Ihr könnt aber auch Reste essen. Vielleicht habt ihr Glück und vom Vortag sind noch ein paar Essensreste im Kühlschrank. Auf einer Hütte nennt man so was Hüttenpfanne. Da haut man alles in die Pfanne, was noch so da ist. Fleisch, Nudeln, Tomaten, Eier …

Übrigens kann man auch mal durch eine Schrebergartenanlage gehen und nachsehen, ob da nicht ein paar Beeren oder Äpfel über die Zäune hängen. Ich habe nur gesagt nachsehen! Ich will mich hier ja nicht strafbar machen. Meist werden den Schrebergärtlern die Äpfel zu viel und einige stellen sie vor die Zäune zum Mitnehmen.

Vielleicht könnt ihr auch etwas eintauschen? Ich bin sowieso dafür, dass man viel mehr tauschen sollte. Eine neue Frisur gegen eine Gitarrenstunde. Vorausgesetzt natürlich, der eine kann schneiden und der andere Gitarre spielen. Aber jeder kann doch irgendwas, was der andere nicht kann.

Und wie kann man an diesem Wochenende Geld verdienen?

Wie wäre es als Straßenmusiker?

Mit Musikinstrument auf die Straße stellen, Hut davor für das viele Geld, das die Passanten euch geben werden, und los geht es. Vielleicht könnt ihr auch kein Instrument und möchtet lieber singen oder tanzen oder jonglieren oder vielleicht Kartentricks vorführen.

Könnt ihr so was alles nicht, wie wäre es dann mit **einem Limo-Stand?** Zitronenlimo herstellen, zwei Kistchen mit einem Brett drüber oder kleinen Klapptisch auf der Straße aufbauen (am besten da, wo viele Jogger vorbeikommen oder an einem sehr heißen Tag), und dann geht das Verkaufen los.

Malt ein großes Bild mit Straßenkreide auf den Boden und hofft auf eine Spende in euren Hut!

Veranstaltet einen kleinen Flohmarkt und verkauft ein paar alte Dinge. Das Geld dürft ihr dann ausgeben!

Gründet eine Firma

Eine Familienfirma zum Beispiel. Ihr könntet eine Mützenkollektion entwerfen und Mützen stricken oder nähen oder Hüte basteln und diese an einem Stand verkaufen.

Oder wie wäre es mit einem Lieferservice? Fragt im Lebensmittelladen um die Ecke nach, ob ihr älteren Menschen die Einkäufe tragen dürft oder den gesamten Einkauf erledigen könnt.

Pflückt schöne Feldblumensträuße und verkauft sie.
Pflanzt Samen in Töpfchen, die ihr verkauft.
Malt Steine an und verkauft sie als Briefbeschwerer oder Dekoration.

Ihr könnt dieses Wochenende einfach mal dazu nutzen, über Geld zu sprechen. **Was kostet denn das Leben so?** Was ist Miete und was sind Steuern?

Viele Kinder denken, das Geld holt man sich einfach aus dem Geldautomaten.
Und wenn ihr ganz arm wärt? Was würdet ihr tun? Habt ihr Ideen, wie ihr zu Geld kommen könntet? Oder wie würdet ihr es euch trotzdem nett machen?

Wie macht man das Beste aus seiner Situation? Ich finde, man muss immer das Beste aus seinem Leben machen, und zwar das Weltbeste, so weit das möglich ist. Und das hat meist gar nichts mit Geld zu tun.

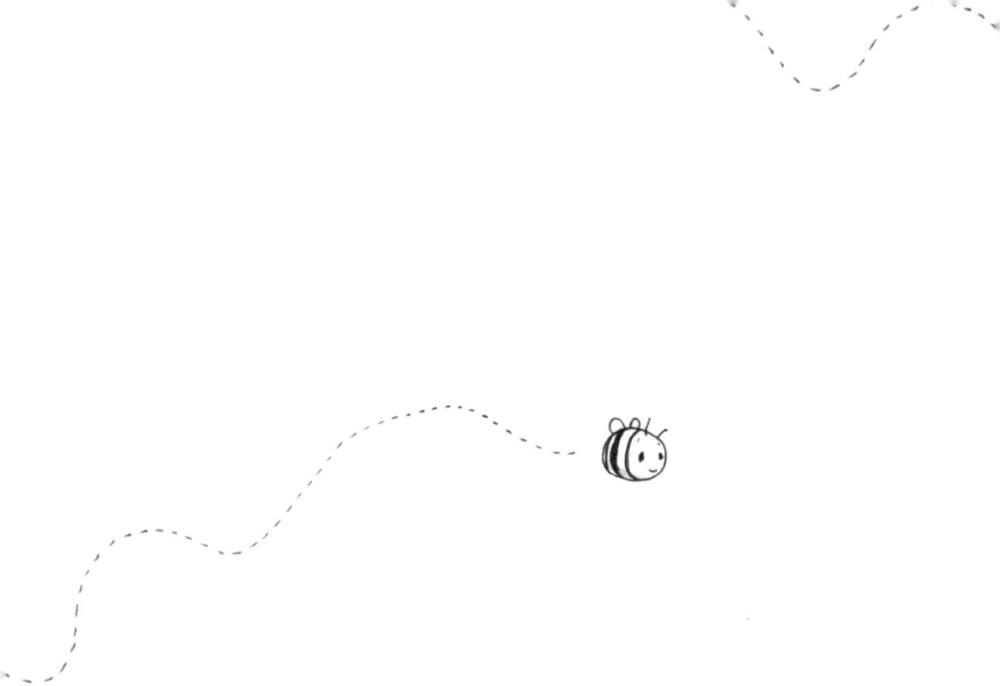

10

Zeitreise-Wochenende

Geschichten von früher

Ob ihr an diesem Wochenende eine Zeitmaschine baut, Hüte aufsetzt, die euch ins Jahr 1970 bringen, oder ob ihr euch an den Händen fasst, die Augen schließt und erst wieder öffnet, wenn ihr da angekommen seid, wo ihr ankommen wollt, oder besser gesagt: wann ihr ankommen wollt, ist euch überlassen. Aber fest steht, dass dieses Wochenende in einer anderen Zeit verbracht wird.

Bei eurer Zeitreise kann euch ausnahmsweise mal der Computer behilflich sein: Alle sitzen um den Bildschirm herum. Dann gebt ihr die Geburtsjahre der

Eltern in die Suchmaschine ein und geht auf »Bilder«. Wie hat man damals ausgesehen? Welche Kleidung hat man getragen? Welche Musik, welche Künstler waren aktuell? Was ist politisch passiert?

Und wie sieht das alles aus, wenn man die Geburtsjahre der Kinder eingibt? Wahrscheinlich unterscheiden sich die Bilder noch nicht allzu sehr von denen der heutigen Zeit. Ob ihr in 20 Jahren anders denkt? Wird man da auch über die Mode von heute lachen und über die Frisuren? Was wird wohl in 20 oder 30 Jahren erfunden sein, was es heute noch nicht gibt und was dann eine Selbstverständlichkeit sein wird?

Reise in die eigene Vergangenheit

Holt Fotoalben heraus und setzt euch gemütlich aufs Sofa. Oder wie wäre es mit einem Dia-Abend? Eltern erzählen von ihrer Kindheit. Wie war die? Ladet doch Oma und Opa zu eurer Zeitreise ein. Sie sollen ebenfalls ihre alten Fotos mitbringen und von damals berichten. Um diese Erzählungen festzuhalten, nehmt sie doch für später auf.

Habt ihr vielleicht auch alte Filme von früher, die eure Eltern gedreht haben?

Falls ihr noch einen Plattenspieler habt: Lasst Platten laufen und tanzt dazu.

Malt einen Stammbaum und klebt Fotos von jedem Familienmitglied in die Äste.

Eltern und Großeltern erzählen

Was habt ihr euch für die Zukunft vorgestellt? Was wolltet ihr werden? Wann wart ihr das erste Mal verliebt? Und wie weit war die Technik? Hatte jeder schon ein Handy? Was waren eure Lieblingsfilme damals? Welche Musik fandet ihr gut?

Die Eltern oder Großeltern kochen ein Gericht aus der Kindheit. Bei mir wäre das Grießbrei. Den hat immer meine Uroma gekocht. Ich musste mir danach immer an einem rosa Geschirrhandtuch, das an einem Stuhl hing, den Mund abwischen. Und egal wann ich kam, es hing dort und roch nach Grießbrei.

REZEPT GRIEẞBREI

Man braucht:

1 l Milch
3 EL Zucker
1 Pck. Vanillezucker
Salz
100 g Weichweizengrieß
Nach Belieben Zimtzucker zum Bestreuen

Und so geht's:

Milch, Zucker, Vanillezucker und 1 Prise Salz in einem Topf unter Rühren zum Kochen bringen.
Achtung: Die Milch kann schnell überkochen, also nicht aus den Augen lassen.
Topf von der Herdplatte nehmen, den Grieß in die Milch geben und mit dem Schneebesen verrühren.
Topf noch mal auf den Herd stellen und erneut aufkochen lassen.
Topf vom Herd nehmen und 5 Minuten zugedeckt quellen lassen. Noch einmal durchrühren und mit Zimtzucker abschmecken.
Fertig.

Vielleicht habt ihr Lust, zusammen ein **Kindheitserinnerungsalbum** zu kleben. Fotos und andere Erinnerungen vom Babyalter bis heute zusammensuchen und los geht's. Auch Zeichnungen aus dem Kindergarten sind nett für ein Album.

Ein Kistchen voll Kindheit

Sucht euch eine kleine Kiste, in die werden die Kindheitserinnerungsdinge hineingelegt. Natürlich nur die, die nicht mehr benutzt werden. Die ersten Söckchen, die erste Zeichnung, den Schnuller, ein Lieblingsbuch, den Lieblingsschlumpf und so weiter.

Die Kiste kann dann noch schön verziert werden, damit sie auch optisch ein kleines Schmuckkästchen ist.

Spiele von früher

Was haben Eltern und Großeltern früher gespielt? Kaiser, welche Fahne weht heute? Gummitwist? Hüpfkästchen? Hexenschnur? Spielt doch mal die alten Spiele.

Und singt gemeinsam die Lieder von damals.

Reise zu den Wurzeln

Vielleicht unternehmt ihr heute zusammen eine Fahrt an euren jeweiligen Geburtsort. Wo ist wer geboren worden? Wo sind die Großen in die Schule gegangen, wo in den Kindergarten? Wo ist der Ort, an dem sich die Eltern zum ersten Mal getroffen haben?

Zeitkapsel

Am Ende des Wochenendes vergrabt ihr eine Zeitkapsel. Dazu braucht ihr ein Kistchen oder eine Dose, die man möglichst luftdicht verschließen kann.
Ihr könnt eine aktuelle Zeitung hineinlegen oder Fotos, schreibt Briefe, auf denen steht, was ihr gerade denkt oder fühlt und was eure Wünsche für die Zukunft sind. Eure Zeitkapsel könnt ihr auf dem Dachboden oder im Keller aufbewahren oder auch im Garten vergraben. Wenn ihr euch dafür entscheidet, sie im Wald zu verbuddeln, vergesst nicht, eine Karte zu zeichnen und diese wiederum an einem Ort aufzubewahren, an

dem ihr sie wiederfindet. Vielleicht müsst ihr dann noch eine Karte für die Karte malen und so weiter. Das wird eine ziemlich lustige Angelegenheit, wenn ihr die Zeitkapsel in 10 bis 20 Jahren wieder feierlich ausgraben wollt.

Am Sonntagabend reist ihr wieder ins Heute zurück.

11

»Unser kleines Café«-Wochenende

Dieses Wochenende könntet ihr ein Café eröffnen.
Ob im Garten oder in der Wohnung oder vielleicht sogar im Treppenhaus oder im Hof, ganz egal.
Ladet dazu Nachbarn und Freunde ein. Fragt auch gleich herum, wer kleine Tische und vielleicht ein paar Stühle mitbringen kann.
Die Tischchen werden schön gedeckt, mit Blumenvase und Blumen und vielleicht einer Speisekarte.

Habt ihr hübsche Schürzen? Nein? Dann wird es höchste Zeit dafür! Ihr könnt Schürzen nähen, das geht ganz einfach (na ja, vorausgesetzt, ihr habt eine Nähmaschine). Ihr könnt aber auch ganz leicht aus alten größeren T-Shirts Schürzen schneidern. Dazu werden die Ärmel abgetrennt. Der Kragen bleibt bestehen. Außerdem wird die obere

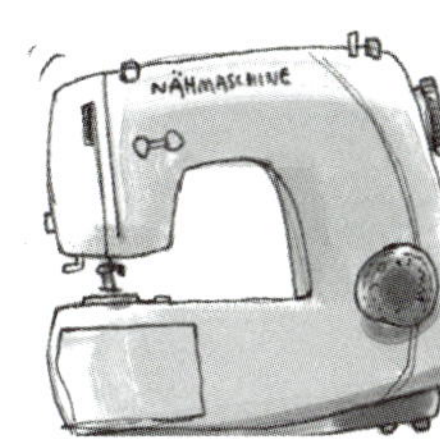

Hälfte der Rückseite entfernt und der untere Teil in der Mitte durchgeschnitten. Zieht ihr jetzt den Kragen wie bei einem T-Shirt einfach über den Kopf, sieht es schon fast wie eine Schürze aus. Wenn ihr weiße T-Shirts nehmt, kann man mit Kartoffelstempeln und Stoffmalfarbe noch den Namen eures Cafés auf die Vorderseite drucken.

Dann wird gebacken, was das Zeug hält.

Backen macht glücklich, wenn man es mit Liebe tut. Wenn es mir mal nicht gut geht, dann backe ich einen Kuchen. Das ist schön. Teig schlecken, rühren, Teig in die Backform füllen und dann der Geruch, der durch die Wohnung fliegt. Herrlich!

Ihr könnt auch Cupcakes oder Cakepops oder Kekse kreieren. Eure Küche verwandelt sich heute in eine Bäckerei und Konditorei.
Kakao, Tee und Kaffee machen euer kleines Café komplett und es kann losgehen.

Spielt jemand aus der Familie ein Instrument? So eine musikalische Begleitung macht jedes Café gleich noch viel schöner. Falls es keine Livemusik gibt, Kaffeehausmusik aus der Box ist auch nicht schlecht. Vielleicht etwas Französisches?

Stellt eine kleine Kasse für Spenden auf. Der Erlös kann beispielsweise für einen guten Zweck gespendet werden.
Variante: Bittet alle Gäste, einen Kuchen mitzubringen, ihr sorgt für Getränke, Tische und Stühle.

Und habt ihr schon mal einen Kuchen selbst erfunden? Nein? Dann aber mal ran an die Schüssel! Seht euch einige Rezepte an, die euch gut schmecken. So könnt ihr ein Gefühl dafür bekommen, wie viel Mehl, Zucker, Butter und Eier in so einen Teig gehören. Vielleicht mischt ihr verschiedene Lieblingskuchenrezepte und fügt noch eine ganz eigene geheime Zutat bei. Jetzt braucht der neu erfundene Kuchen noch einen Namen und dann kann er auch schon angeboten und aufgefuttert werden.

REC

12

Das »Bitte lächeln«-Wochenende

Dieses Wochenende dreht sich alles ums Fotografieren.
Akkus der Kameras (oder das Handy) aufgeladen und los geht's!

Euer Tag

Fotografiert doch mal euren Tag. Im Urlaub fotografiert jeder alles, auch an besonderen Tagen wie Geburtstagen, Taufen oder Hochzeiten wird viel fotografiert. Aber versucht doch einfach mal, dieses Wochenende festzuhalten. Macht daraus später ein kleines Fotobuch, wie eine Art Bilderbuch mit dem Titel »Mein Tag«. Darin zu sehen und dokumentiert sind: aufstehen, frühstücken, Zähne putzen, lesen, Musik hören, ein Ausflug, Hausaufgaben machen, Essen kochen, Essen essen, spielen …
Oder fotografiert alle Dinge, die euch in eurem Leben

wichtig sind. Das könnte jedes Familienmitglied machen, mal sehen, was da bei jedem rauskommt. Titel dieses Buches könnte sein: »Was mir wichtig ist« oder »Mein Leben«.

Eure eigene Postkarte

Wie wäre es, ein Foto zu machen, das ihr als Postkarte drucken lasst und fortan zu jeder Gelegenheit verschicken könnt. Oder eine Geburtstagsglückwunschkarte. Dazu könnt ihr eine kleine Torte backen und diese mit einer Kerze verzieren. Die Torte kommt in die Mitte, die Familie außenherum und wenn es klickt, blast ihr die Kerze aus. Oder pustet viele Luftballons auf und legt euch hinein. Fotografiert wird nun von oben, vielleicht von einer Leiter aus. Haltet ein Schild in der Hand, auf dem »Happy Birthday« steht.
Oder zieht euch ganz wild an und macht ein verrücktes Familienfoto.
Vielleicht könnt ihr euch auch wie anno dazumal verkleiden und dieses Bild später in Sepia (also einem Braunton) ausdrucken, sodass es ganz alt aussieht. Dann kommt es in einen Goldrahmen und fertig ist die Ahnengalerie.

Fotosafari

Auf Fotosafari kann man sich Aufgaben überlegen:

Fotografiert ...

alles, was rot ist (oder gelb),
alles was rund ist,
alles, was eine Reihe ist,
Hunde
Spiegelungen
Häuser oder Fenster
Schriften oder Buchstaben
Muster
Linien
Schatten
Dinge, die in Rahmen sind.

Oder macht eine Fotosafari durch die eigene Stadt – so als würdet ihr sie als Tourist besuchen.

Fotoshooting mit eurem Lieblingsstofftier

Euer Lieblingsstofftier wird heute zum Model. Setzt es in eurer Stadt überall in Szene. Vielleicht auch wie ein kleiner Tourist? Mit Sonnenbrille?

Grimassen schneiden

Wer aus der Familie hat die meisten Gesichter? Fotografiert sie alle vor einer neutralen Wand. Aus diesen Fotos kann man ein lustiges Familienplakat machen lassen.

Fotoalben

Dieses Wochenende könnt ihr auch Fotoalben kleben. Eine schöne Beschäftigung, zum Beispiel an einem verregneten Wochenende.
Klebt Babyfotoalben von euch allen.
Oder Jahresbücher eurer Familie:
Von allen Ereignissen des vergangenen

Jahres kommen da nur jeweils ein oder zwei Fotos hinein. Zwischendrin kann man Zeitungsberichte, selbst gemalte Kunstwerke, Eintrittskarten, Flugtickets oder auch Einladungen kleben.

Wenn ihr dies jedes Jahr aufs Neue macht, habt ihr bald eure eigene Familienchronik.

Stammbaum

Sucht doch mal von allen Verwandten Fotos heraus und klebt einen Stammbaum.

Fotowand

Lasst die schönsten Fotos jedes Familienmitglieds schwarz-weiß entwickeln – und hängt diese Bilder an die Wand. Vielleicht macht ihr aus einem Lieblingsfoto auch ein Riesenbild?

Fotoshooting

Wollt ihr vielleicht mal richtige Modelfotos machen? Rein in Mamis und Papis Kleiderschrank und dann wird »geshootet«. Vielleicht muss man sogar in der Gegend eine tolle Location suchen? Mit einem schicken Hintergrund: vor einem alten Garagentor, vor einer Graffitiwand oder in einem Kornfeld?

Tolle Fotos entstehen auch, wenn man sie blind aus der Hüfte schießt. Man läuft zwar durchaus schon mal Gefahr, das Motiv nicht zu treffen, aber manchmal fotografiert die Kamera allein viel künstlerischer als man selbst.

Klebt Collagen!

Druckt viele Fotos aus und schneidet die Personen darauf aus. Jetzt malt eine neue Landschaft drum herum. Es sieht auch lustig aus, wenn man nur die Köpfe ausschneidet und den Körper neu dazumalt.

Eine Ausstellung

Und dann gibt es eine richtige Ausstellung am Sonntagabend. Habt ihr als Fotografen vielleicht sogar einen Künstlernamen?

Ihr könnt auch leckere Häppchen vorbereiten für eure Vernissage.

Mein Leben mit Jack
NELLY NOVEMBER

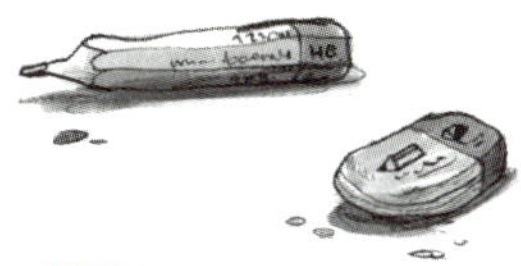

13

Das »Wir schreiben ein Buch«-Wochenende

Jeder Mensch sollte in seinem Leben ein Haus gebaut, einen Baum gepflanzt und ein Buch geschrieben haben. Einen Baum habt ihr ja schon gepflanzt, wenn ihr das Weltretter-Wochenende (Nr. 20 hier im Buch) gemacht habt, und vielleicht habt ihr wirklich schon ein Haus gebaut oder vielleicht nur ein Baumhaus, ein Kinderhaus im Garten oder auch ein Vogelhäuschen oder Bienenhotel.
Darum bietet es sich an, nun auch die dritte Aufgabe zu erfüllen: ein Buch zu schreiben.
Und da kann die ganze Familie mitmachen.

Setzt euch zusammen und überlegt, was für ein Buch mit welchem Inhalt ihr schreiben wollt. Wer möchte was übernehmen? Wer kann sich um die Illustrationen oder Bilder kümmern?

Der Roman

Vielleicht habt ihr Lust, einen Kinderroman zu schreiben.

Doch wo kommen die Ideen für die Geschichte her? Da gibt es verschiedene Möglichkeiten: Überlegt mal, ob es in eurem Leben Geschichten gibt, die erzählenswert sind. Vielleicht könnten eure Kinder die Hauptpersonen sein und ihr erzählt all diese kleinen lustigen Episoden, die euch einfallen. Oder die Geschichte der Großeltern? Wie wäre es, eure Familie in Mäuse zu verwandeln und diese Mäuse mit euren Namen erzählen nun die große Mausgeschichte eurer Familie.

Ihr wollt eine ganz neue Geschichte erfinden? Eine Fantasiegeschichte? Auch kein Problem!

Legt ein großes Papier in die Mitte des Tisches. Und nun stellt euch folgende Fragen:

Wer soll die Hauptperson sein – ein Tier, ein Mädchen, ein Mann, eine Sache ...

- Wie ist sein/ihr Name?
- Wie sieht der Held oder die Heldin eurer Geschichte aus?

- Wie ist der Charakter dieser Hauptfigur (lustig, schüchtern, frech, schräg, brav, ängstlich …)?
- Hat euer Charakter irgendwelche besonderen oder auffallenden Fähigkeiten? (Kann er beispielsweise mit Tieren sprechen, stottert er, hat er keine Freunde, ist er unsichtbar, kann er fliegen oder zaubern …)
- Gibt es Freunde? Familie? Und wie ist das Verhältnis zu ihnen?
- Wo lebt euer Held? (Auf einem Boot, in einer kleinen Wohnung, in einer Schuhschachtel, auf einem Baum, in der Wüste, auf einer Wolke, in Berlin …)
- Was soll euer Held erleben? (Zum Mond fliegen, Freunde suchen, eine Bande gründen, einer Hexe begegnen, mit dem Zirkus reisen.)

Malt und schreibt alles auf das Papier. Statt zu malen kann man auch Bilder und Fotos von Personen oder Tieren aufkleben, die man in Zeitschriften oder im Internet findet.

Zeichnet euch einen Handlungsstrang.
Das geht so: Auf ein neues Blatt Papier wird eine Linie gezogen. Notiert an dieser Linie entlang die verschiedenen Stationen eurer Geschichte in Stichworten. Anfang, Mittelteil, Ende. Füllt die Linie hier und da mit kleinen Nebengeschichten, Erlebnissen und Abenteuern auf.

Aller Anfang ist schwer

Der Anfang ist immer das Schwerste. Nicht weil einem nichts einfällt, sondern weil es so viele Anfänge gibt. Hier eine kleine Liste von Möglichkeiten:

- Es war einmal ...
- Die Sonne brannte heiß vom Himmel herunter ...
- »Gib das her«, rief Hänschen und stampfte wütend mit dem Fuß auf ...
- Es gibt so Tage, da weiß man nicht, was man tun soll, an diesem Tag aber ...
- Leonie riss die Augen auf. Irgendetwas hatte sie geweckt und sie wusste nicht, was ...
- An einem schönen Sommertag ging Charlotte die Müllerstraße entlang ...
- Dies ist die Geschichte, meiner Familie. Meine Familie besteht aus ...

Jetzt seid ihr gut vorbereitet und könnt zu schreiben beginnen. Ihr könnt gemeinsam schreiben, aber auch jeder für sich. Einer kann das erste Kapitel übernehmen, der andere das nächste und so weiter. Während die einen schreiben oder überlegen, wie die Geschichte weitergehen könnte, beginnen die anderen vielleicht bereits mit dem Gestalten des Covers. Oder mit den Illustrationen. Und jedes gute Buch braucht ja auch einen tollen Titel.

Schenk mir eine Geschichte

Dieses Buch könnte auch ein wunderbares (Weihnachts-)Geschenk für alle Verwandten werden.

Wenn ihr die Texte gleich in den Computer eingebt und die Bilder einscannt, könnt ihr ein echtes Fotobuch drucken lassen, das ihr so oft nachbestellen könnt, wie ihr wollt. Aber auch als Kopien mit einer schönen Ringbindung wird es sicher toll.

Ich finde, man sollte viel öfter Geschichten verschenken. Oder Gedichte.

Vielleicht wird es kein dicker, fetter Roman, vielleicht nur eine Kurzgeschichte oder ein Bilderbuch.

Wollt ihr nicht malen, kann man die Bilder auch fotografisch lösen, indem ihr die Situationen nachstellt oder Puppen, Stofftiere oder kleine Legomännchen die Rollen übernehmen lasst.

Als Weihnachtsgeschenk kann man auch die Weihnachtsgeschichte nachstellen, fotografieren und mit Text in ein Buch binden.

Oder vielleicht habt ihr Lust, einen Comic zu zeichnen oder einen Comic zu fotografieren – mit aufgeklebten Sprechblasen.

Vielleicht schreibt auch jeder seine eigene Geschichte und man nimmt alle zusammen für **ein großes Familiengeschichtenbuch.**

Die Welt ist voll von Geschichten.
Traut euch einfach. In jedem steckt eine Geschichte,
die herauswill. Lasst sie einfach fliegen!

14

Das märchenhafte Wochenende

Dieses Wochenende wird es märchenhaft! Gestaltet eine Märchenerzählecke im Kinderzimmer. Dazu könnt ihr einen Sonnenschirm aufspannen und an diesem viele Tücher befestigen. In dieses »Zelt« legt ihr nun viele Kissen, damit es richtig gemütlich wird. Eine Lichterkette sorgt für eine heimelige Beleuchtung. Habt ihr einen Zylinder? Denn der Erzähler oder Vorleser sollte immer einen Hut aufhaben (das macht es irgendwie märchenhafter). Wenn es Sommer ist, könnt ihr auch ein Zelt im Garten oder auf dem Balkon aufbauen und es euch da gemütlich machen.

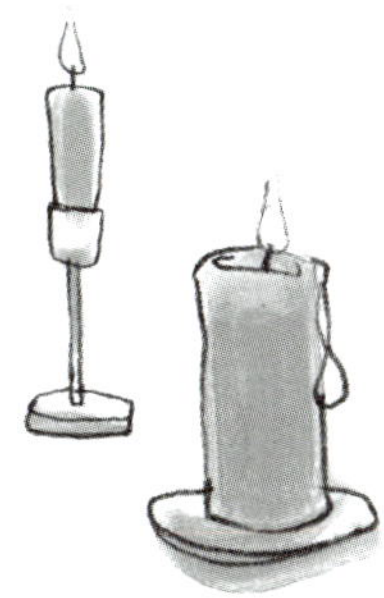

Los geht es am Freitag: Wenn ihr keine Märchenbücher zu Hause habt, dann leiht sie euch aus der Bücherei aus. Viele!

Und dann werden erst einmal Märchen erzählt oder vorgelesen. Das Erzählen hat einen ganz eigenen Charme. Denn man kann so die Märchen auch etwas abwandeln. Je nachdem, wie alt die Zuhörer sind.

Man kann auch Märchen in die heutige Zeit transportieren.

Da föhnt dann Rapunzel schon mal ihre Haare nach dem Waschen und der Prinz kommt mit dem Motorrad angefahren. Vielleicht sagt Hänsel zu Gretel: »Guck mal, Gretel, das coole Hexenhaus!« Und Gretel sagt zu Hänsel: »Und die Hexe ist echt abgefahren!« Was ist, wenn Dornröschen nach 100 Jahren aufwacht und alles ist anders – plötzlich gibt es Autos und Handys und Flugzeuge? Vielleicht macht Aschenputtel auch bei einer Castingshow im Fernsehen mit und verliert auf dem Laufsteg ihren Schuh? Der Prinz (in der Jury) läuft ihr nach …

Ihr könnt auch Märchenfiguren durcheinanderbringen und so **ein neues Märchen erfinden.** Was würde denn passieren, wenn

die sieben Zwerge auf Frau Holle treffen und alle sieben Betten ausschütteln.
Oder man kann Märchen mit kleinen Fehlern erzählen. **Werdet zu Märchendetektiven und spürt die kleinen Fehler auf.**
Man kann auch Märchen (pantomimisch) vorspielen und raten.
Ihr könnt Bilder zu den Märchen malen – wie die Montagsmaler ...

> Seid kreativ, denn wie auch in Märchen sind eurer Fantasie hier keine Grenzen gesetzt!

Fragen über Fragen:

Welche Märchenfigur wäre ich am liebsten? Und warum?
Was macht ein Märchen aus? Gibt es neue Märchen? Nein? Warum nicht?
Wo leben heute noch Prinzessinnen und Prinzen? Was macht einen Prinzen aus? Wie verhält man sich als Prinzessin? Wie würden wir sprechen, wenn wir im Märchenland leben würden? (Worschoinlich sör vornöhm.) Wie macht man einen Hofknicks? Wie geht ein Handkuss? Was wäre denn, wenn unser Land einen König hätte?

Vielleicht besucht ihr ein Schloss und nehmt an einer Führung teil.

Was wäre, wenn ich König wär ...?

Setzt euch in einen Kreis. Alles, was ihr braucht, ist eine Krone – und die ist ja schnell gebastelt.

Die Krone geht reihum und jeder, der sie aufsetzt, fängt mit den Worten an: Wenn ich König von Deutschland wäre ...

Ihr könnt entweder einfach eure guten Ideen als König von Deutschland erzählen oder ihr macht eine Art »Ich packe meinen Koffer« aus dem Spiel. Dazu müsst ihr dann immer das, was die »Könige« vor euch gesagt haben, noch einmal wiederholen und zum Schluss noch eine eigene Idee anhängen.

Wer bin ich?

Dieses Spiel kann man auch mit Märchenfiguren spielen. Jeder Spieler bekommt einen Post-it-Zettel auf die Stirn geklebt, auf der eine Märchenfigur steht. Die haben die anderen Mitspieler natürlich heimlich auf den Zettel geschrieben. Nun muss jeder nacheinander Fragen zu seiner Person stellen: Bin ich weiblich? Bin ich ein Tier? Bin ich hübsch? Bin ich böse? Man darf so lange fragen, bis man auf eine Frage ein »Nein« von den Mitspielern bekommt. Dann ist der Nächste an der Reihe. Wer seine Märchenfigur als Erstes errät, hat gewonnen.

Spielt doch ein Märchen als Theaterstück nach.

Stellt Szenen aus euren Lieblingsmärchen nach und fotografiert sie. Vielleicht wird das Foto als Schneewittchen, mit einem roten Apfel in der Hand, oder das Foto auf vielen Matratzen als Prinzessin auf der Erbse oder eines als Drachenkämpfer (Papa als Drache?) als Postkarte oder als digitaler Fotogruß an Freunde verschickt!

Märchenbett

Wie wäre es mit einem Prinzessinnenbett? Dazu befestigt einfach einen Baldachin oder ein Mückennetz über dem Kinderbett. Ein Ritterbett kann man mithilfe von großen Pappen, in die man Zinnen schneidet, basteln. Die Pappen dann einfach um das Bett herum anbringen.

Diener und König

Je eine Stunde spielt einer den Diener für den anderen, der der König ist. Danach werden die Rollen getauscht.

Es war einmal …

Und wie geht es weiter? Einer fängt mit diesen Worten an, der Nächste erfindet einen Satz dazu und so weiter. Mal sehen, was für ein Märchen eure Familie erfindet.

Das Wochenende endet am Sonntagabend mit: Und wenn sie nicht eingeschlafen sind, so erzählen sie noch heute märchenhafte Märchen.

15

Ein Wochenende mit Musik

Wart ihr schon mal auf einem Klassik- oder Rockkonzert? Oder in einer Oper? Nein? Dann wird es aber Zeit!

Denn dieses Wochenende dreht sich alles um Musik!

Versucht doch mal, an diesen zwei Tagen ein Stück auf einem Instrument zu lernen.
Unmöglich, sagt ihr? Ich sage: **Nichts ist unmöglich!** Eine Ukulele gibt es im Musikgeschäft schon für ca. 20 Euro. Meist liegen kleine Heftchen bei, in denen ganz übersichtlich und relativ einfach erklärt wird,

wie man dieses Instrument spielt. Oder gebt im Internet »Ukulele lernen« ein. Da finden sich viele Videos. Hier kann man im Grunde alles lernen. Es muss aber nicht zwingend die Ukulele sein. Geht einfach in ein Musikgeschäft und stöbert herum. Vielleicht sagt euch ein anderes Instrument mehr zu. Eine Mundharmonika beispielsweise.
Es geht einfach nur darum, sich selbst zu beweisen, dass man etwas lernen kann, wenn man nur will – und das sogar in kurzer Zeit. Ihr werdet sehen, es macht großen Spaß!

Wenn ihr in eurer Familie bereits ein oder mehrere Instrumente spielt, dann versucht doch mal ein Stück gemeinsam einzuüben. Gebt ein kleines Konzert, nur für euch, bei dem jeder ein Stück zum Besten gibt.

Oder bastelt Instrumente einfach selbst

- Zum Beispiel aus Gemüse. Schnitzt dafür eine Flöte aus einer Karotte (dazu braucht man schon einen Bohrer, aber es geht).

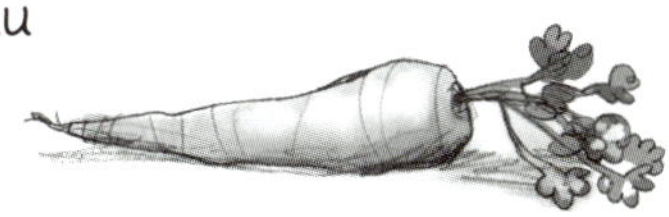

- Oder Trommeln aus Tontöpfen, diese bespannt ihr mit Butterbrotpapier. Am besten mehrschichtig mit Tapetenkleister über die Ränder kleben und auch die Schichten mit Kleister zusammenleimen. Der Tontopf kann nun noch bemalt oder mit einem schönen Band verziert werden. Wenn er getrocknet ist, kann man zu trommeln beginnen.
- Auch Rasseln lassen sich leicht selbst herstellen. Mit Bechern, die mit Reis oder Bohnen gefüllt und mit Klebeband verschlossen werden.
- Habt ihr schon mal auf einem Kamm geblasen? Das geht so: Butterbrotpapier über den Kamm legen. Die Lippen leicht an die Zinken des Kamms ansetzen und nun blasen. Man muss ein wenig ausprobieren, wie fest oder in welchem Winkel. Dann klappt es.

- Flaschenorgel: Auch auf Flaschen kann man Musik machen. Je nachdem, wie viel Wasser in den Flaschen ist, verändert sich der Ton.
- Oder stellt euch doch eine Glasorgel zusammen. Weingläser (mit dünnem Rand) mit unterschiedlich viel Wasser füllen. Zeigefinger ins Wasser tauchen und so lange am Glasrand herumfahren, bis ein Ton entsteht.

Tanzen

Tanzt doch einfach durchs Zimmer. Oder habt ihr Großen früher im Tanzunterricht Tango, Foxtrott oder Cha-Cha-Cha gelernt? Dann zeigt mal, was ihr könnt.

Einen Song schreiben

Vielleicht habt ihr auch Lust, einen Song zu schreiben. Einen Blues vielleicht, in dem ihr mal so richtig rauslassen könnt, was euch im Leben stört? Oder ein Liebeslied?

Lieder übersetzen

Englisch gesungene Lieder klingen eigentlich immer super. Aber wenn man mal genau hinhört und eins zu eins übersetzt, fällt einem auf, dass die Texte oft nicht sehr anspruchsvoll sind. Und manchmal sogar zum Schreien komisch. Singt doch einfach mal ein englisches Lied auf Deutsch – Wort für Wort übersetzt. Ein großer Spaß!

Verschiedene Musikstile

Hört mal gemeinsam die verschiedensten Musikstile an. Jazz, Klassik, Musical, Rock, Pop, Volksmusik, Schlager, Blues, Kirchenmusik, Folk Music, Country, Hip-Hop, Rap, Metal, Punk, Techno ... Was gefällt euch am besten?

16

Ein Wochenende lang gar nichts tun

Ein Wochenende lang gar nichts tun. Nicht das kleinste bisschen.
Aber geht das überhaupt? Kann man denn auch einfach mal gar nichts tun? Selbst wenn man nur vor sich hin starrt, tut man doch schon wieder etwas: Man starrt vor sich hin. Es gibt aber trotzdem einige Dinge, die unter das Nichtstun fallen, obwohl man etwas tut.

Zum Beispiel:

- auf einer Bank sitzen und die Leute beobachten, die vorbeikommen
- Löcher in die Luft starren
- auf dem Sofa sitzen und schweigen
- aus dem Fenster sehen (gemütlich mit einem Kissen unter sich)

Ist Faulsein nicht wunderschön?
Langweilt euch doch mal!

Langeweile ist eine Lustlosigkeit. Man hat kein Interesse und keinen Elan für irgendetwas. Es ist nicht so, dass man nichts zu tun hätte, man hat eben nur keine Lust. Da kann man dann als Mama mit einer ewig langen Liste kommen: Spiel doch mal wieder mit den Gummitieren, lies ein Buch, hör ein Hörspiel an ... alles nützt nichts. Aus einer Langeweile muss man ganz von selbst wieder herauskommen.
Wo kommt denn die Langeweile eigentlich her? Und wo geht sie dann plötzlich wieder hin?
Ist Langeweile ein schönes oder ein scheußliches Gefühl?

Es heißt ja: Aus Langeweile entsteht etwas Neues.

Denkt mal an nichts! Hui, das ist echt schwer! Das ist ja fast wie der Satz: Denk mal nicht an ein grünes Schweinchen! Das geht ja gar nicht. Und nichts denken, muss gelernt sein. Eine hohe Kunst.

Legt euch einfach mal auf den Boden, schließt die Augen und atmet ein und aus und ein und aus. **Denkt an eine Blumenwiese.** Werdet zur Biene, die von Blume zu Blume fliegt. Wie durften die Blumen? Wie schmeckt der Nektar? Und von Blume zu Blume werdet ihr ein bisschen schwerer, klar, weil ihr so viel Nektar gesammelt habt …

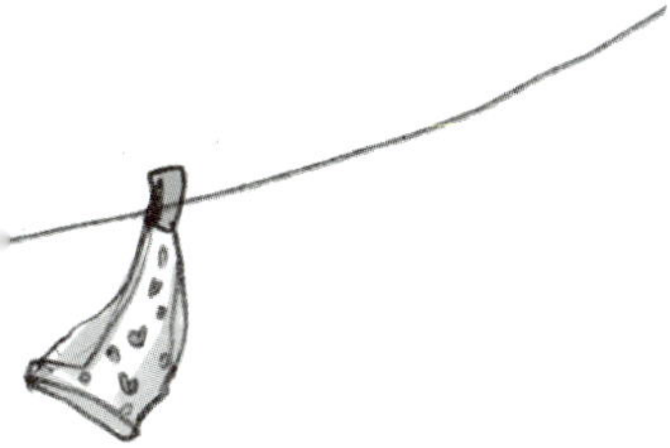

17

Das (Rollen-)Tausch-Wochenende

Du bist ich und ich bin du! So könnte der Samstagvormittag beginnen. Das ist ein echtes Experiment. Die erste Stunde am Samstag sollte erst einmal ein kleiner Hauswirtschaftskurs stattfinden.

- Wie wäscht man eigentlich Wäsche?
- Wie legt man Wäsche zusammen?
- Wer kann schon bügeln?
- Kochen?

Vielleicht muss eine kleine Liste der Dinge, die unbedingt getan werden müssen, angefertigt werden. Dann werden den Kindern die Wohnungsschlüssel überreicht und ein Budget, mit dem sie auskommen müssen. Und dann ist es offiziell: Die Kinder über-

nehmen. Die Eltern dürfen nun herumsitzen, Musik hören, lesen, spielen und die Kinder stören. Die Kinder sorgen für den Einkauf, das Mittagessen und dafür, dass die Wohnung nicht im Chaos versinkt. Außerdem müssen sie die Eltern trösten, wenn diese sich wehgetan haben, ihnen ein paar leichte Aufgaben im Haushalt geben, die Eltern schimpfen, wenn sie Unfug gemacht haben, und sie abends ins Bett bringen.

Da dies ein wunderbares Tausch-Wochenende ist, kann man gleich noch mit anderen Familien andere Dinge tauschen.
Zum Beispiel:
Klamotten, die man nicht mehr anzieht. Spielzeug, mit dem man nicht mehr spielt. Videofilme, Hörspiele, Bücher ...

Oder man tauscht sein Können oder seine Zeit:

Eine Stunde Gitarrenunterricht gegen eine Stunde Wandstreichen.
Eine Stunde Englischnachhilfe gegen eine Stunde bügeln.
Ein Abendessen gegen ein Mal Babysitten.
Einen Haarschnitt gegen einen Kuchen ...

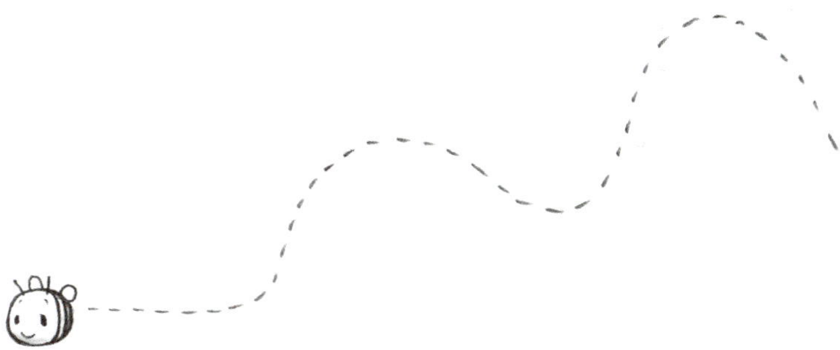

18

Wochenende des Lächelns

Lachen ist gesund. Und zwölfmal lächeln ist wie einmal lachen. Also stellen wir unser Wochenende doch unter das Motto »Lächeln«.

Ist euch schon mal aufgefallen, wie selten sich Menschen auf den Straßen anlächeln? Oder in Fahrstühlen, da guckt jeder in irgendeine Richtung, nur damit er einem nicht ins Gesicht schauen muss.

Aber wie schön ist es doch, wenn wir in ein Gesicht sehen und angelächelt werden. Meist ist es so ungewohnt, dass wir uns sofort fragen: »Was will der von mir?« oder »Hab ich was auf der Nase, sehe ich vielleicht heute komisch aus?«

So, und was machen wir nun am Wochenende des Lächelns?

Erst einmal lächeln wir uns gegenseitig zu. In der Familie. Dann unserem Spiegelbild. Wem es schwerfällt, der kann zur Hilfe die Mundwinkel mit den Fingern nach oben ziehen. Geht ganz einfach.

Ihr könnt auch große **Smileys auf gelbe Pappe malen** und die in der Wohnung aufhängen. Oder an den Spiegel im Bad einen großen Smiley mit Lippenstift zeichnen. Oder Kekse backen in Smiley-Form.

Aber das Tollste kommt jetzt: **Dieses Wochenende habt ihr die Aufgabe, Menschen zum Lächeln zu bringen.** Wie schafft man das, vor allem bei wildfremden Menschen? Da gibt es verschiedene Ideen: Kennt ihr Guerilla-Stricken oder -Häkeln. Da wird alles Mögliche umhäkelt oder umstrickt. Die Pfosten an der Straße, die Bäume, Ampeln, Fahrräder oder sogar ein ganzer Bus. Ich liebe diese Bewegung, denn sie ist doch einzig und allein dazu da, die Menschen, die vorbeigehen, zum Lächeln zu bringen, ihnen eine Freude zu machen. Jetzt bleibt es nicht beim Stricken, da wird auch eine U-Bahn verschönert, indem ein Fenster mit Vorhängen behängt wird oder ein Mülleimer große Glotzaugen aus Tischtennisbällen bekommt, sodass er wie ein Krümelmonster aussieht.
Es geht darum, etwas da draußen zu bewegen. Sich et-

was Lustiges im grauen Alltag auszudenken, etwas, das niemanden stört und nichts beschädigt, aber manch einen lächeln lässt.
Ich habe mal eine Ampel gesehen, die, als sie von Rot zu Gelb umschaltete, auf dem gelben Licht in der Mitte einen Smiley zeigte. Irgendjemand hatte mit schwarzem Klebeband Augen und einen lachenden Mund auf die gelbe Ampel geklebt. Das brachte auch mich zum Lächeln.

Was kann man noch tun?

- Ein Papier aufhängen mit Abreißzetteln – auf jedem der kleinen Zettel ist ein kleiner Smiley und obendrauf steht: »Ein Lächeln zum Mitnehmen/to go«.
  Oder kleine schöne Worte auf die Abreißzettel schreiben mit der Überschrift: »Nimm dir, was du brauchst«. Und dann kann man sich Liebe, Friede, Freude, Eierkuchen usw. einfach mitnehmen.
- Vielleicht wollt ihr ja auch eine Sonnenblume heimlich in eine Wiese pflanzen an einer Straße, an der normalerweise keine Blumen

wachsen? Oder sogar gleich ein Herz aus Blumen sähen?

- Ihr könnt das ganze Wochenende witzige Geschichten und witzige Witze erzählen.
- Oder fotografiert euch, wie ihr lächelt, und macht aus dem Foto Postkarten oder digitale Grußkarten. Schreibt und verschickt sie an alle, die ihr zum Lächeln bringen wollt.

- Oder malt lustige lächelnde Gesichter auf postkartengroße Papiere und werft sie in die Nachbarbriefkästen. Vielleicht mit der Überschrift: Heute schon gelächelt?

- Am Ende könnt ihr noch gemeinsam eine lustige Geschichte lesen, die euch zum Lachen bringt, oder eine Komödie oder einen witzigen Zeichentrickfilm ansehen, bei dem ihr euch gemeinsam richtig ausschüttet vor Lachen.

Denn es gibt nichts Schöneres als gemeinsam zu lachen.

Zitate zum Thema Lachen:

»Das Lächeln, das du aussendest, kehrt zu dir zurück.«
(Indisches Sprichwort)

»Ein Lächeln kostet nichts, aber es ist viel wert.«

»Wer den Tag mit einem Lachen beginnt, hat ihn bereits gewonnen.«
Cicero

19

»Mit ohne Technik«-Wochenende

Als Kind fand ich es schon immer spannend, wenn ich mit den Fingern schnipste und plötzlich alle Lichter ausgingen, mein Plattenspieler verstummte und alles war dunkel und still. Stromausfall! Wie wäre es, ein Wochenende ohne Technik zu verbringen?

Einfach mal alle Handys am Freitagabend ausschalten und auf die Mailbox eine Ansage sprechen: »Wir sind erst wieder am Sonntagabend erreichbar.«

Auch der Fernseher und der Computer bleiben aus.

Licht wird nur im Notfall gemacht – ihr könnt überall Laternen mit Kerzen aufstellen oder aufhängen.

Und da sitzt ihr jetzt im Dunkeln und wisst nicht, was ihr tun könnt?

- Wie wäre es mit Verstecken im Dunkeln?
- Einem Nachtspaziergang?
- Essen im Dunkeln - das wird ein ganz neues Erlebnis für die Sinne.

(Der Kühlschrank darf natürlich angeschlossen bleiben!)
Und Kochen dürft ihr auch auf dem Herd – das ist absolut erlaubt. Wenn ihr es ganz genau nehmt, und zufällig einen Garten habt, könnt ihr natürlich ein Feuer entfachen und Stockbrote und andere Dinge über dem Feuer grillen.
Abgespült wird dann natürlich auch von Hand und ohne Geschirrspüler.

Macht eine Aktion draus! Hängt Plakate in eurer Straße auf mit dem Motto:

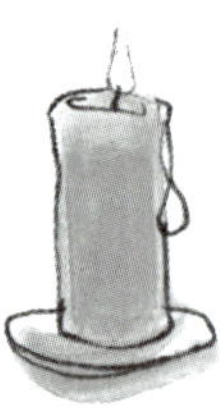

Und dann stellt Kerzen in die Fenster und guckt mal, ob ein paar der Nachbarn mitmachen.

Wo kommt der Strom eigentlich her?

Na, aus der Steckdose natürlich. Und wie kommt er in die Steckdose rein? Und kann ich auch selbst Strom erzeugen? Na klar, das geht beispielsweise mit einer Kartoffel.

Man braucht: eine Kartoffel, eine ca. 5 cm lange Kreuzschlitzschraube, ein 5-Cent-Stück, einen Kopfhörer mit Klinkenanschluss.

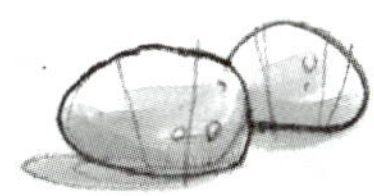

Die Kartoffel halbieren. In die aufgeschlitzte Hälfte steckt ihr jetzt das 5-Cent-Stück und direkt daneben die Schraube. So nah zusammen, dass man mit dem Klinkenanschluss des Kopfhörers beide »Pole« gleichzeitig berühren kann. Setzt nun den Kopfhörer auf und haltet den Klinkenanschluss mit der Spitze an das Geldstück und mit dem hinteren Teil des Metalls an die Schraube. Jetzt müsstet ihr im Kopfhörer ein Knistern hören. Das ist der Strom, den ihr selbst produziert habt.

Sitzt im Dunkeln bei Kerzenschein um den Tisch und erzählt Geschichten. Stellt euch vor, wie es wäre, wenn es tatsächlich keinen Strom mehr geben würde. Wie würde euer Tag, euer Leben dann aussehen. Was wäre noch möglich und was nicht? Müsste man wieder leben wie im Mittelalter? Was wäre gut daran? Was schlecht? Was würdet ihr am meisten vermissen? Inzwischen ist man so an all diese Dinge gewöhnt, dass man schnell einiges verlernt, was für unsere Großeltern und Eltern noch selbstverständlich war.

Fangen wir mit dem Navigationsgerät an. Die Kinder, die jetzt damit aufwachsen, können später vielleicht nicht mal mehr einfache Wege selbst finden oder eine Karte lesen. Man verlässt sich auf sein Navi. Auch Verabredungen würden nicht mehr so gut funktionieren. Denn man hat sich angewöhnt, die Verabredung nur lose zu vereinbaren und dann noch mal zu telefonieren.

„Wo stehst du denn?“
„Bei der Treppe links.“
„Ach ja, ich kann dich sehen.“
Früher musste man den Treffpunkt ganz genau ausmachen und versuchen, möglichst pünktlich zu sein, denn man konnte ja von unterwegs aus nicht anrufen. Können Kinder noch einen Namen aus dem Telefonbuch suchen oder einen Begriff im Lexikon nachschlagen? **Versucht es mal, man weiß schließlich nie, wann der Strom mal ausfällt.**

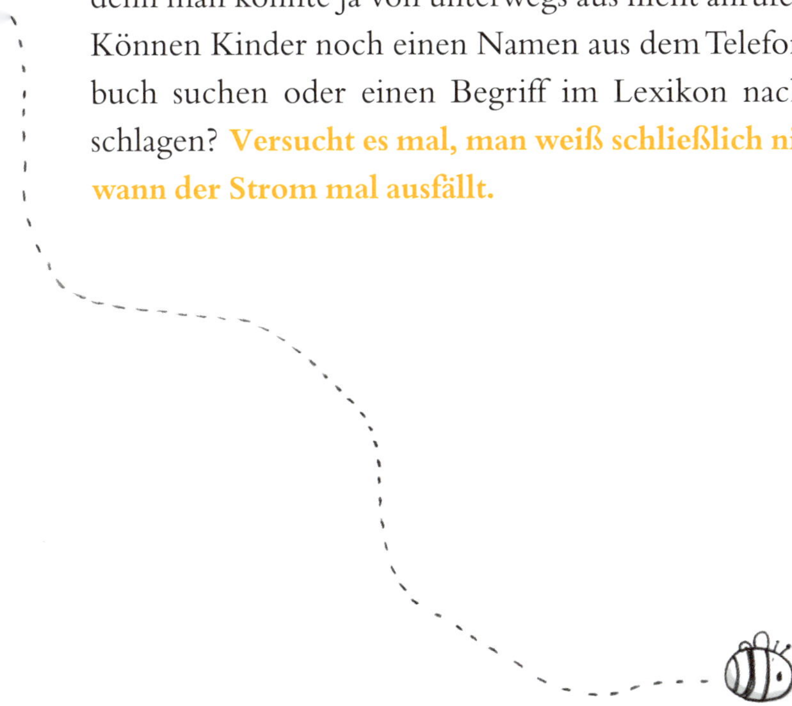

20

»Wir retten die Welt«-Wochenende

Na ja, vielleicht nicht die ganze Welt, aber ein ganz kleines bisschen Welt kann jeder retten. Und das mit recht einfachen Mitteln. Werdet zum Umweltexperten, sprecht an diesem Wochenende auch andere Leute in eurem Umkreis an. Guckt mal in deren Mülltonnen. Trennen Oma und Opa ihren Müll richtig? Lässt Opa das Wasser immer noch so lange laufen, bevor er sich ein Glas füllt? Heizt der Nachbar sein Auto im Winter tatsächlich noch vor? Ts, ts, ts, kann man da nur sagen.

Hupt laut, wenn ihr im Auto hinter jemandem fahrt, der eine Kippe aus dem Fenster wirft.
Wenn ihr neben den betreffenden Autos an einer Ampel steht, kurbelt das Fenster runter und sagt ganz freundlich: »Sie haben da was verloren!«

Pflanzt einen Baum. Kauft im Gartencenter oder in der Baumschule einen kleinen Baum und pflanzt ihn irgendwohin, wo er es gut hat, und es nicht ganz total, völlig, absolut verboten ist. Wählt einen Platz, an dem ihr ihn jedes Jahr mal besuchen könnt. Stellt euch für ein Wachstumsfoto daneben, dann könnt ihr sehen, wer schneller wächst.

Pflanzt Blumen. Jede Pflanze tut der Welt gut und im Speziellen den lieben Bienen. Und somit auch euch selbst.

Pflanzt Kletterpflanzen an grauen Hauswänden.

Gründet mit Freunden einen »Weltretter-Klub«
Stellt in eurer Wohngegend einen Infotisch auf und sprecht die vorbeigehenden Leute an. Klärt sie über die kleinen Umweltsünden auf und bittet sie, bei eurer »Weltretter-Aktion« mitzumachen. Malt Trans-

parente oder Prospekte mit den wichtigsten Informationen. Werdet zu Gretas! Kleine Gretas überall!

Fahrt dieses Wochenende **nur mit dem Fahrrad** oder den öffentlichen Verkehrsmitteln.

Näht euch schöne Einkaufstaschen und bedruckt diese, beispielsweise mit Kartoffelstempeln, mit lustigen Motiven. Vielleicht könnt ihr diese Taschen auch an eurem Infostand verkaufen.

Ihr könnt zum Einkaufen auch eigene Behälter mitnehmen und beispielsweise die Wurst direkt dort hineingeben lassen. So spart man sich die vielen Verpackungen.

Recycelt! Indem ihr was Neues draus macht. Zum Beispiel kann man tolle Dinge aus leeren Konservendosen basteln: Stiftehalter, ein Dosenwerfen-Spiel, Müllmarionetten der Blechbüchsenarmee, Blumenübertöpfe, Vasen, Teelicht-Halter und vieles mehr.
Und noch etwas: Müll trennen ist gut, vermeiden aber noch besser. Überlegt gemeinsam, wo ihr Müll ver-

meiden könnt. Wählt im Supermarkt Produkte aus mit möglichst wenig Umverpackung.

Spart Wasser! Gießt eure Blumen mit Regenwasser, dreht den Hahn ab, während ihr Zähne putzt. Stellt die Spül- und Waschmaschine nur an, wenn sie ganz voll ist.

Welches Haushaltsgerät ist der größte Stromfresser? Wisst ihr es? Es sind der Kühlschrank und der Trockner. Also dreht die Temperatur für den Kühlschrank 1,2 Grad runter und hängt auch hin und wieder die Wäsche auf die Leine und lasst sie lufttrocknen.
Schaltet alle Stand-by-Geräte ab, wenn ihr sie nicht gleich wieder braucht.

Spart Papier! Kauft Umweltpapier für die Schule, geht nicht zu verschwenderisch mit dem Toilettenpapier um, reißt leere Blätter aus alten Schulheften raus und benutzt diese als Schmierpapier und für Einkaufslisten, benutzt Papiere, wenn es geht, zweimal (wozu gibt es sonst eine Rückseite?). Druckt nicht jede Mail aus. Kauft doch einmal schöne Stoffservietten, Papierservietten sind teuer und manchmal wirft man sie schon weg, wenn man nur ein einziges

Mal seinen Mund damit abgeputzt hat. Oder bastelt Serviettenringe mit Namen drauf, damit jeder weiß, welche Serviette wem gehört. So kann man die Servietten mehrmals benutzen.

Geht mit einem Förster durch den Wald und lasst euch alles erklären. Macht einen Waldspaziergang und sammelt den Müll auf.

Legt einen Kompost im Garten an.

Baut ein Insektenhotel im Garten – wie das geht, hab ich in den Frau-Honig-Wochenenden schon beschrieben.

Kauft in einem Bioladen ein und kauft nur Obst der Saison. Was wächst denn überhaupt wann? Wenn es immer zu jeder Jahreszeit alles gibt, kann man sich doch auch gar nicht mehr auf die einzelnen Jahreszeiten und dem damit verbundenen Obst und Gemüse freuen. Und so eine Erdbeere, eine richtige Erdbeere, schmeckt doch total nach (Früh-)Sommer, und da gehört sie auch hin.

Esst weniger Fleisch. Es gibt leider viel zu viele Fleischesser, dadurch viel zu viele Kühe, die viel zu viel Futter brauchen, wofür viel zu viel angebaut werden muss und dann machen diese Kühe (die ja nichts dafür können) viel zu viele Pupse. Aber das wisst ihr sicher längst.

Schreibt eure Kugelschreiber bis zum Ende aus, sonst wird unsere Erde irgendwann mit Kugelschreiberminen bedeckt sein, die nicht recycelbar sind. Könnt ihr euch das vorstellen? Eine Welt voller Kugelschreiber?

Weltretter-Erfindungen

Denkt euch tolle Erfindungen aus, wie man die Welt retten könnte. Vielleicht könnte man die Kühe ja auf Fenchelblütenwiesen grasen lassen, damit sie nicht so dolle Blähungen haben. Oder die Bäuche der Kühe massieren.

Vielleicht sollte jeder Mensch eine Art Fleischpass bekommen und nur zwei Mal pro Woche Fleisch essen dürfen? Außerdem erhält jeder Mensch einen Flugpass und darf nur eine bestimmte Anzahl an Flügen

in zehn Jahren fliegen. Oder besser: eine bestimmte Anzahl an Kilometern.
Einen Staubsauger, der schlechte Luft in gute Luft umwandelt?

> Meiner Meinung nach sollte es in Schulen einen Umwelt-Unterricht geben, denn bedauerlicherweise wissen wir alle noch viel zu wenig, mit welchen kleinen Mitteln wir etwas für unsere Umwelt tun können. Und was gibt es schon Wichtigeres, als diese schöne Welt zu schützen und zu pflegen?

REC

21

Film-Dreh-Wochenende

An diesem Wochenende wird ein Film gedreht – übrigens ein tolles Geschenk für die Großeltern. Auch hier gibt es wieder unzählige Möglichkeiten.

Ein Naturfilm

Raus mit euch in die Natur – ob in die Berge, auf den Bauernhof, in den Wald, zum See. Natur pur! Nun werden möglichst schöne Naturmomente eingefangen: der Baum, durch den die Sonne scheint, ein kleiner Fluss, der lustig vor sich hin plätschert, eine Ameisenstraße, eine Raupe auf einem Blatt. Je mehr ihr erst einmal filmt, umso leichter kann man daraus im Anschluss einen Film schneiden.

Zu Hause sucht ihr euch eine schöne Filmmusik, die zum Thema Natur passt, und nun schneidet ihr Szene

an Szene zusammen. Viele Computer oder Handys haben kleine, einfache Schnittprogramme schon vorinstalliert. Oder ihr kennt jemanden, der Filmchen schneiden kann. Dann wird noch ein Titel für den Film gefunden und fertig.

Eure Stadt

Dreht einen Bericht über eure Stadt/euer Dorf, interviewt Leute, die dort leben, zeigt alte Häuser und Sehenswürdigkeiten. Vielleicht möchte einer der Familie als Reporter vor der Kamera stehen und Wissenswertes berichten – über die Höhe des Kirchturms, den Namen des Bürgermeisters oder auch lustige Geschichten aus der Vergangenheit.

Ein Krimi – oder doch lieber ein Märchen?

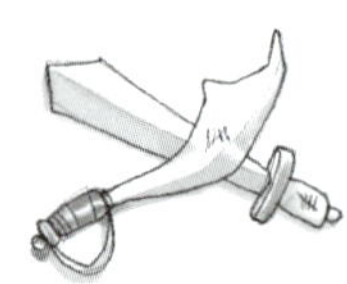

Schreibt einen kleinen Krimi. Fertigt am besten ein Storyboard an (das ist eine Zeichnung – fast wie ein Comic –, bei der man die einzelnen Einstellungen der Kamera auf Papier festhält. Später kann man dann eine Einstellung nach der anderen drehen und hat einen sehr guten Überblick, was noch fehlt). Wollt ihr einen Ausflug in den Wald machen, dann habt ihr gleich einen guten Drehort. Ihr könnt natürlich auch einen Geisterfilm oder ein Märchen drehen oder eine romantische oder dramatische Liebesgeschichte.

Eine Dokumentation über ein Wochenende in eurer Familie

»Wir berichten nun live über die Familie Mustermann (also euch, den Namen müsst ihr natürlich entsprechend ändern). Hier seht ihr Papa Mustermann, wie er noch schläft, und gleich werdet ihr Augenzeuge, wie er geweckt wird. Mutter Mustermann ist schon im Bad und ...« Mutter Mustermann: »Gehst du mit der Kamera weg!« – »Ja, das war Mama Mustermann, hier macht Lieschen Mustermann gerade das Frühstück, und hier (Schwenk nach unten) liegt schon ein Ei auf dem Boden ...«

Filmt den ganzen Tag. Solche Filme sind auch eine tolle Erinnerung – und prima geeignet für spätere Zeitreise-Wochenenden. Oder vielleicht kann man diesen Film dann beim 18. Geburtstag zeigen oder sogar auf der Hochzeit ... Ja, ich weiß, das erscheint einem noch weit weg. Aber die Zeit vergeht meist schneller, als man denkt.

Ein Trickfilm

Auch hier gibt es viele verschiedene Möglichkeiten:

Zeichnen

Ein richtiger Zeichentrickfilm ist natürlich der Klassiker. Denkt euch eine kleine lustige Szene aus, entwerft Figuren und zeichnet sie immer wieder, aber immer ein Stückchen weiter. Ihr könnt den Figuren auch lose Beine und Arme machen, dann kann man nur diese weiterbewegen und muss nicht alles immer wieder neu zeichnen. Mit dem Mund verhält es sich genauso. Zeichnet einen Kopf, aber ohne Mund, dann kann man verschiedene Münder malen und ausschneiden und diese in das Gesicht einsetzen. Und schon sieht es so aus, als würde dieser gemalte Mensch sprechen. Nun fotografiert jedes Bildchen oder jeden Schritt einzeln ab. Am Computer kann man im Schnittprogramm alle Bildchen als Film einlesen und hintereinander ablaufen lassen. Geräusche und Musik drüberlegen oder die Figuren sogar synchronisieren (auch auf dem Schnittprogramm möglich – oder Freunde fragen, die sich damit auskennen).

Dinge bewegen

Man kann auch Dinge bewegen – Stopptrick nennt sich das. So kann zum Beispiel ein Stift über einen Schreibtisch wandern. Der Spitzer kommt ihm entgegen und spitzt ihn, oder ein Legoturm baut sich von selbst auf – einfach immer ein Legosteinchen draufstecken und ein neues Foto machen. Auch Legomännchen lassen sich toll animieren – dazu gibt es im Internet ein paar gute Beispiele. (Das nennt sich in der Fachsprache dann Brickfilm.)
Überhaupt kann man sich einmal auf YouTube die selbst gemachten Zeichentrickfilme ansehen – da bekommt man Lust, eigene Ideen umzusetzen.

Knetmännchen

Besonders gut lässt sich ein Stop-Motion-Film mit Knetmännchen herstellen – denn diese kann man ganz einfach ummodeln, so wie man sie eben braucht. Bastelt eine Kulisse aus Pappe dazu – eine Lampe für das perfekte Licht darf nicht fehlen und los geht es.
Es gibt mittlerweile viele tolle Apps, mit denen man Stop-Motion-Filme machen kann.

Urlaubsfilmchen

Ihr könnt euch an diesem Wochenende auch endlich mal gemeinsam hinsetzen und eure Urlaubsfilmchen zusammenschneiden. Meist filmt man viel zu viel und das Ansehen langweilt dann. Macht einfach einen kurzen, knackigen Film draus. Das ist besonders schön an verregneten, kalten Herbsttagen, wenn man sich einen sonnigen Urlaub oder ein bisschen Abwechslung wünscht!

Vielleicht gibt es dann am Sonntagabend **ein Familien-Kurzfilm-Festival.** Habt ihr mehrere verschiedene Filmchen gemacht, könnt ihr einen Mini-Oskar für den besten Film verleihen. Einen Mini-Oskar könnt ihr selbst basteln: Einfach einen geeigneten Schlumpf oder eine Playmobilfigur golden ansprühen, auf einen kleinen ebenfalls golden eingefärbten Holzklotz oder Baustein kleben und fertig.

Daumenkino

Und wenn ihr keine Kamera und kein Schnittprogramm auf dem Computer habt und auch keine App, wie wäre es mit einem Daumenkino? Ein Daumenkino ist ein »Abblätterbuch«. Es macht sich den Stroboskopeffekt zunutze. Durch das schnelle Abblättern fast identischer Bilder, die sich nur durch minimale Bewegungen unterscheiden, bekommt man das Gefühl, eine vollständige Bewegung zu betrachten. Einfach kleine Notizblöcke mit Strichmännchen oder anderen einfachen Motiven bemalen – von Seite zu Seite geht die Bewegung weiter. Wenn man dies mit einem gespitzten Bleistift zeichnet, kann man auf der nächsten Seite die durchgedruckten Spuren des vorherigen Bildes sehen und die Figur bzw. die Bewegung dadurch einfach ein bisschen weitermalen. Simple Geschichten sind hier die besten: Zum Beispiel ein großer Fisch verschlingt einen kleinen oder ein Wagen, der auf einer Achterbahn einen Looping fährt, oder ein Mensch wird an einem Luftballon in den Himmel gezogen oder ein Wurm läuft am Rand des Papiers entlang und schließlich das Papier nach oben. Vielleicht wird am Sonntagabend auch das familiäre Daumenkino-Festival veranstaltet.

ORANGENSAFT

22

Ein Wochenende in der Stadt

Wohnt ihr in einer größeren Stadt? Oder habt ihr eine Stadt in der Nähe? Dann werden wir uns diese dieses Wochenende mal vornehmen.

Stellt euch vor, ihr seid die Touristen und habt eure Stadt noch nie besucht. Wie sehen Touristen denn aus? Sie sind bewaffnet mit Stadtführer, Stadtplan, bequemen Schuhen, einem Rucksack mit Getränk und vor allem: einem Fotoapparat oder Handy.

Wenn es in eurer Stadt Stadtrundfahrten mit Bussen gibt, nichts wie rein mit euch – eine Stadtrundfahrt in der eigenen Stadt ist lustig und informativ.

Markiert auf dem Stadtplan die Route, die ihr gehen möchtet. Lasst die Kinder die Straßen finden, wie bei einer Schatzsuche. Greift nur dann ein, wenn ihr euch zu weit vom Ziel entfernt – ach so, das Ziel? Das könnte zum Beispiel ein besonders schönes traditio-

nelles Restaurant sein, in das ihr dann geht. Oder der Mittelpunkt der Stadt. Oder eine berühmte Skulptur. Oder eine noch berühmtere Eisdiele.
Versucht nun Wissenswertes über die wichtigen Gebäude herauszufinden. Das kann man entweder durch den Stadtführer oder weil einer von euch das sowieso weiß oder weil ihr euch heimlich einer Führung durch die Stadt anschließt. Versucht, eure Stadt mit fremden Augen zu sehen und sie so zu fotografieren. Auch eine Fotosafari durch die Stadt ist spannend.

Das solltet ihr alles in eurer Stadt am Stadtwochenende machen:

- ein Eis im berühmtesten Café der Stadt essen
- ein kleines Souvenir kaufen
- eine Postkarte schreiben
- eine Stadtrundfahrt machen
- etwas Typisches essen
- den Bahnhof ansehen
- sich mit einer berühmten Skulptur fotografieren
- in ein Museum gehen

- sich mit echten Touristen fotografieren lassen
- das Rathaus suchen
- in einem Stadtpark ein Picknick veranstalten

Fakten finden wie zum Beispiel:

- den Namen des Bürgermeisters oder der Bürgermeisterin
- die Einwohnerzahl
- die berühmteste Person, die hier gelebt oder gearbeitet hat.
- Gibt es in dieser Stadt eine Sage?
- Wo steht der höchste Turm und wie hoch ist er?
- Wo ist das höchste Haus und wie hoch ist es?
- Welches ist das älteste Haus?

Wenn ihr euren Stadtbummel beginnt, steckt zehn Euro in Ein-Euro-Münzen in die Tasche und lasst sie klimpern. Nehmt euch vor, bei jedem Straßenkünstler stehen zu bleiben, ihm Applaus zu spenden und einen Euro zu spendieren.

Besucht mindestens eine **Kirche,** setzt euch hinein, singt ein schönes Lied und zündet für eure Familie eine Kerze an. Egal, wie gläubig man ist, es ist schön!

Statt einer Kamera kann man auch einen **Block und Stifte** mitnehmen und versuchen, die Häuser, Kirchen und Statuen eurer Stadt abzuzeichnen.

Vielleicht nimmt man auch nur Töne auf und versucht festzuhalten, wie sich diese Stadt anhört.

Wenn ihr in einer größeren Stadt seid, in der viel fotografiert wird: Versucht auf zehn Fotos zu kommen, die andere knipsen. Dafür könnt ihr euch heimlich zu einem Gruppenbild stellen, in ein Foto hineinspringen, den Fotografierten Ohren machen oder aus dem Hintergrund in die Kamera lächeln oder winken.

Vielleicht habt ihr sogar Lust, eine Nacht in einem Hotel in eurer eigenen Stadt zu übernachten.

23

Ein Wochenende auf der Burg

Dieses Wochenende reisen wir zurück ins Mittelalter, in die Ritterzeit. Gibt es bei euch in der Nähe ein Schloss oder eine Burg, die man besichtigen kann?
Falls nicht, dann holt die Burgmauern zu euch nach Hause. Aus Pappwänden kann eine Ritterburg im Kinderzimmer gebastelt werden. Einfach mit dem Cutter die Wände oben herum zu Zinnen schneiden. Dann mit schwarzem Stift die Wände wie große Steine aufmalen. Und ein Eingangstor ausschneiden.
Falls ihr keine große Burg bauen wollt, wie wäre es mit einer kleineren für die Stofftiere oder die Gummiritter? Für Türme eignen sich wunderbar leere Milchtüten.
Eure Burg braucht sicher auch richtige Fahnen zum Schwenken (Ritter schwenken doch so gern). Habt ihr Lust, euch ein Wappen für die

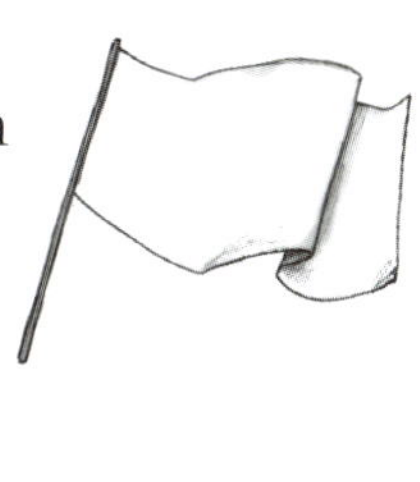

Burg auszudenken und dies mit Stofffarben auf ein Leintuch zu malen? Rundhölzer für den Stab gibt es im Baumarkt, ein alter Besenstiel ist aber auch prima. Und einen Namen braucht die Burg und die Burgherren und -damen ebenfalls.
Wie wäre es mit einer Rüstung aus Pappkartons oder einem vornehmen Umhang aus Pannesamt? Und das Burgfräulein und -männlein brauchen natürlich edle Kleider – vielleicht ein altes Ballkleid von Mama? Oder aus dem ausgemusterten Vorhang von Oma Liese?
Was ist mit dem Schwert und dem Schild? Das wird auch aus Pappe geschnitten und mit Silberfarbe angemalt. Oder sogar aus Holz ausgesägt?
Die Burgfräulein können sich aus drei 1,5 m langen und ca. 5 cm breiten Stoffen Kopfkränzchen flechten. Die Stoffe können ruhig bunt gemustert sein. Wenn

man möchte, kann man an der Stirnseite noch einen schönen ritterlichen silbernen Knopf anbringen.

Fahrt ihr auf eine echte Burg, macht es euch sicher Spaß, in Ritter- und Prinzessinnenverkleidung dort aufzuschlagen. Versucht schon vor eurem Ausflug, ein wenig über die Burg zu erfahren: Wer hat dort gelebt? Wie alt ist die Burg? Gibt es eine spannende Sage oder eine lustige Geschichte rund um die Burgbewohner?

Im Schloss könnt ihr auch alle Märchen erzählen, die ihr kennt, die in einem Schloss spielen. Wie war das damals mit König Ludwig oder Prinzessin Elisabeth? Vielleicht seht ihr euch auch vorher einen Sissi-Film an.

Eine alte Burg oder ein Schloss wird mit jeder Geschichte, die man hört, spannender und interessanter.

Malt zu Hause eine kleine Ahnengalerie. Oder vergrößert Fotos der ganzen Familie und klebt jedem Ein-

zelnen eine Rokoko-Perücke und ein mittelalterliches Gewand auf. So sehen Oma, Opa, Cousine und Tante gleich ganz anders aus.

Und wenn ihr Lust habt und das Wetter mitspielt, könnt ihr auch noch im Garten die **Ritterspiele** eröffnen.
Dazu braucht ihr: Ringe mit ca. 20 cm Durchmesser und eine Lanze (die könnte ein Besenstiel sein oder ein Papprohr). Nun nimmt das Pferd (Papa) den Ritter (Kind) auf den Rücken und galoppiert an den Knappen (Mama) heran, der todesmutig den Ring in die Höhe hält. Der Ritter hat drei Versuche, dann sollte er es geschafft haben, den Ring mit der Lanze aufzuspießen und den Jubel entgegenzunehmen.

Man kann so ein Pferd auch aus einem alten Kinderwagen oder einem Leiterwagen bauen. Dazu wäre ein Pferdekopf aus Pappmaschee nicht schlecht. Einer schiebt oder zieht, der andere sitzt auf dem Wagen (also auf dem Pferd).
Oder spielt alte Spiele, die die Ritterkinder früher gespielt haben. Zum Beispiel Kegeln oder Hufeisenwerfen.

In einigen Städten gibt es Führungen, die von Schauspielern geleitet werden, die in einem Rittergewand stecken und mit mittelalterlicher Sprache eine Figur aus dieser Zeit verkörpern.

Hört, hört:
Sprecht doch an diesem Wochenende die Sprache des Mittelalters.

Lesen könnt ihr an diesem Wochenende zum Beispiel den »Kleinen dicken Ritter«, »Ritter Kuno Kettenstrumpf« oder ein anderes Ritter-Abenteuer. Vielleicht findet in der Nähe sogar eine ritterliche Theateraufführung statt.

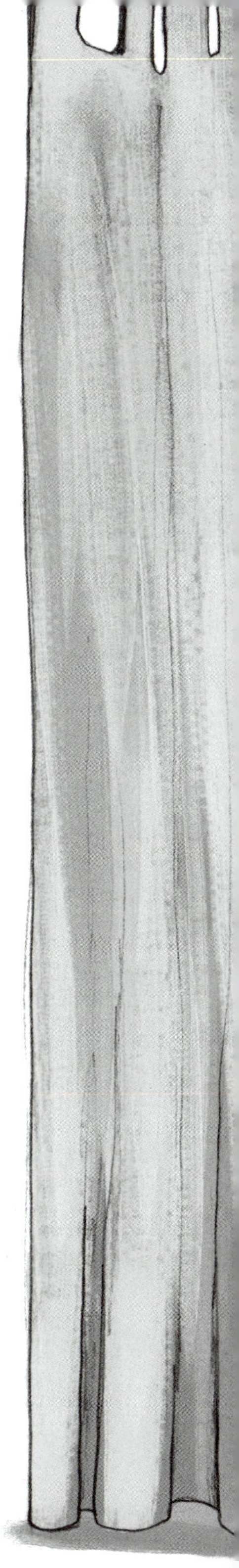

Notizen
MILCH

24

Das total unperfekte Wochenende

Manchmal geht ein Wochenende total schief. Dabei wünscht man sich doch, am Sonntagabend ins Bett zu gehen und zu denken: Das war ein perfektes Wochenende!

Was ist denn schon perfekt? Alles soll immer perfekt sein. Aber nichts und niemand ist perfekt.

Und deshalb wird dieses Wochenende ein perfektes unperfektes Wochenende.

Und das geht so:

- Jeder frühstückt in der Küche, wenn er eben aufwacht.
- Räumt nichts auf.
- Lauft in Schlabberklamotten herum.
- Kocht ein Essen aus allen Resten, die so im Kühlschrank zu finden sind.
- Esst, wann ihr wollt und wie ihr wollt.
- Habt keinen Plan.
- Lasst euch treiben.
- Lümmelt herum.
- Hängt herum.
- Oder tanzt unkoordiniert.
- Fernseher an oder auch aus, egal!
- Jeder wurschtelt so herum – macht das, was er eben gern machen mag.
- Macht einen Kopfstand und betrachtet die Welt verkehrt herum.
- Geht raus, wenn es regnet, bleibt im Haus, wenn die Sonne scheint.
- Legt euch am helllichten Tag ins Bett und lest.
- Gummistiefel bei 20 Grad? Warum nicht?

- Ein Samtkleid auf den Spielplatz anziehen? O.k.!
- Ein Loch im Socken? Na und?

- Jacke falsch geknöpft – gut so!
- Ein schräges Lied singen – laut bitte!
- Eine seltsame Geschichte erzählen, die keinen Sinn ergibt – nur zu!

Macht, was ihr wollt und wie es euch gefällt.

Und abends liegt ihr im Bett und sagt:
Was für ein herrlich unperfektes Wochenende!

25

Ein Wochenende zum Briefeschreiben

Wird es in zwanzig Jahren noch Briefkästen geben? Wird es noch Postboten geben, die von Haus zu Haus gehen und Briefe einwerfen? Und vor allem: Wird es noch Briefe geben? Ich spreche jetzt nicht von Rechnungen, Mahnungen, Werbesendungen. Ich meine den wirklichen Brief. Von Hand geschrieben, mit Adresse, Absender und Briefmarke. Und vor allem: mit Inhalt!

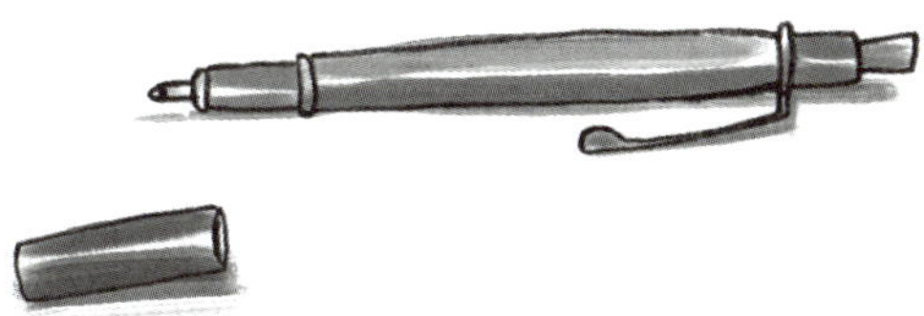

Es gibt einfach so ein paar Dinge im Leben, die sollte man pflegen, unter anderem eben Briefe.

Was noch alles vom Aussterben bedroht ist:

- Handschrift
- Telefonbücher
- Telefone mit Schnur und Wählscheibe
- Telefonzellen
- Alte Trambahnen
- Musikkassetten
- Schallplatten
- Viele Wörter (hier unbedingt eine Liste anfertigen und diese Wörter, sooft es geht, benutzen.)
- Fotos, die entwickelt werden
- Lexika
- Stadtpläne und Landkarten
- Kleine Läden, in denen es nur das gibt, was draufsteht. (Denn heute gibt es im Supermarkt Bücher und T-Shirts und überhaupt überall alles.)

So, und dieses Wochenende retten wir jetzt schon mal die Briefe.

Was ihr dazu braucht?

Briefpapier gekauft oder selbst gestaltet, Kuverts, Füller oder andere schöne Stifte, ein paar Adressen und Briefmarken.

Und schon geht es los. Jeder sucht sich jemanden aus dem Adressbuch aus, der jetzt ganz überraschend einen Brief bekommt. In **wunderschönster Handschrift** natürlich. Schreibt, wie es euch geht, was ihr so macht und warum ihr heute einen Brief verschickt, und schließt den Brief mit: Über eine Antwort würde ich mich sehr freuen! Denn Briefe zu bekommen, handgeschriebene schöne Briefe mit Inhalt – ist genauso schön, wie Briefe zu schreiben.

Ein Brief an euch selbst

Schreibt doch mal einen schönen Brief an euch selbst. »Liebes Ich ...« Schreibt über eure Gedanken, eure momentanen Vorlieben und wie euer Leben so ist. Und dann schreibt ihr, was ihr gern in naher Zukunft erreichen wollt, wo ihr vielleicht mal hinreisen wollt oder welche Pläne ihr sonst noch habt.

Die Kinder können auch schreiben, was sie später einmal werden wollen und wie sie sich ihr Haus und überhaupt ihr Leben vorstellen. Stellt eurem zukünftigen Ich einige Fragen. Vielleicht legt ihr eine Haarlocke von euch oder ein Foto, einen Zeitungsartikel von heute oder etwas Ähnliches bei. Und dann verschließt und versiegelt den Brief und legt ihn irgendwohin, wo ihr ihn vielleicht in einigen Jahren wiederfinden könnt (Speicher, Keller, Tagebuch).

Kuverts kann man übrigens auch selbst falten. Aus Papier aus Modezeitschriften, Weltkarten oder Zeichnungen.

Vielleicht habt ihr auch Lust, ein **Briefmarkenalbum** anzulegen. (Briefmarken sterben übrigens auch bald aus, denn es gibt nur noch die Abziehbildchen-Marken und nicht mehr die Anschleck-Briefmarken, und vermehrt können Briefmarken online per QR-Code aufgebracht werden – traurig.)

An Freunde schreiben

Vielleicht kann man auch ein paar Briefe schreiben und diese direkt bei Freunden und Nachbarn einwer-

fen. Man ist dann auch noch der eigene Postbote. Ihr könnt euch ein Zigarrenkistchen anlegen, in dem die Antwortbriefe (die hoffentlich in Scharen kommen) hineingelegt und gesammelt werden können.
Oder klebt die Briefe, die ihr bekommt, in ein Heft ein. So, dass man sie immer wieder aus dem Kuvert nehmen und lesen kann.
Je mehr Briefe ihr schreibt, umso mehr Antwortbriefe könnt ihr erwarten. Trotzdem rate ich euch, keine Masse an Briefen zu verschicken, denn dann gibt man sich meist nicht mehr so große Mühe.

Brief an den Postmann

So ein Postbote hat immer ganz schön viel zu tun. Und vielleicht kommt er am Abend heim und sieht in seinen Briefkasten und hat keinen einzigen Brief selbst bekommen. Das ist so traurig. Und deshalb schreiben wir heute auch noch einen Brief an den Postboten.

> Lieber Postbote,
> wie geht es dir? Das Wetter bei uns ist schön. Wie ist das Wetter bei dir? Ist es eigentlich anstrengend, so viele Briefe in so vielen Wohnungen zu verteilen? Liest Du eigentlich die Postkarten?
> Viele freundliche Grüße, dein Briefeschreiber

Ihr könnt eurem Briefträger den Brief direkt mitgeben, wenn ihr ihn seht, oder den Brief in den Briefkasten werfen – da landet er sicher bei jemandem, der sich darüber freut.

Oder schreibt mal einen Brief an den Bundeskanzler.

Was stinkt euch in eurem Land, was findet ihr gut?

Schreibt doch mal einen Beschwerde-Brief. Irgendetwas wird euch sicher einfallen, worüber ihr euch immer ärgert. Jetzt ist die Gelegenheit dazu. Raus damit!
Oder einen Leserbrief an eine Zeitschrift.
Oder einen Brief an eine Nachbarin, die sich immer über alles beschwert. Oder einen Lob-Brief, das geht natürlich auch!

An die Eltern und die Kinder

Liebe Eltern, schreibt euch doch mal einen Liebesbrief. Schreibt einfach mal auf, was ihr aneinander liebt und warum es so schön ist, zusammen zu sein!
Ihr könnt natürlich auch Liebesbriefe an eure Kinder schreiben. Denn es tut immer gut, auch einmal schwarz auf weiß zu lesen, warum man geliebt wird.

Adressbuch

Legt doch ein neues wunderschönes analoges Adressbuch an. Schreibt nicht nur die Adressen eurer Freunde und Verwandten hinein, sondern auch das Geburtsdatum und was sie mögen. So kann man dann immer leicht ein passendes Geschenk finden. Zum Beispiel: Tante Hilde sammelt Eulen, Onkel Heinz liebt Streuselkuchen.

Schreibt doch mal mit Feder und Tinte.

Briefe für die Katz

Man kann auch Briefe für die Katz schreiben. Das sind Briefe, die man in Gedanken an Leute schreibt, über die man sich ärgert. Und wenn ich mich ganz viel ärgere, stehe ich sogar nachts auf und schreibe einen Brief. Ich schicke ihn natürlich nicht ab, denn solche Briefe sind wirklich für die Katz. Aber doch sinnvoll, denn der Ärger ist raus aus mir – im Brief. Zugeklebt und weggelegt.
Aber wenn ihr eine Katze habt, dann schreibt doch mal einen Brief für die Katz!

Und jetzt wünsche ich euch ganz viele liebe Antwortbriefe.

26

Das Internet-Wochenende

Erst mal gibt es natürlich so viele, viele andere Dinge, die ihr machen könnt, bevor ihr euch an den Computer setzt. Trotzdem ist der Computer letztendlich nichts anderes als eine weitere Beschäftigungsmöglichkeit, neben Bauklötzen, Puppen, Lesen und draußen spielen. Wenn man also alles gern macht und außerdem noch Freunde hat, die man auch in echt und höchstpersönlich trifft, darf man auch mal Computer spielen.

Um den richtigen Umgang mit dem Computer zu lernen, könntet ihr an diesem Wochenende alle gemeinsam in die Internetwelt eintauchen. Immerhin gibt es da viel zu entdecken und für jedes Alter ist was dabei.

Meine Vorschläge:

YouTube

Hier gibt es so lustige Filmchen, da hat die ganze Familie was zu lachen. Reihum kann jeder seine Lieblings-YouTube-Filmchen zeigen.
Nehmt euch vor, heute etwas mit einem YouTuber zu lernen. Vielleicht ein Stück auf der Gitarre oder irgendeinem anderen Instrument. Oder wie man die schönsten Frisuren machen kann oder wie man eine lustige Torte backt. Wie wäre es mit Jonglieren oder, oder, oder ...
Und wenn ihr Lust habt, dreht doch selbst mal ein Filmchen und stellt es auf YouTube.

Videotelefonieren

Habt ihr Freunde oder Verwandtschaft im Ausland oder in einer anderen Stadt? Dann nehmt euch die Zeit, mit ihnen mit Bild zu telefonieren.

Liebe Eltern, gebt doch einmal die Namen der Werbespots aus eurer Kindheit ein, da gibt es einige, die sehr, sehr lustig sind. Es gibt auch witzige Neusynchronisationen von berühmten Filmszenen.

Google Earth

Wie wäre es mit einem Spaziergang um die Welt? Reist doch mal im Internet quer durch die Welt. Findet ihr euer eigenes Haus? Oder das Haus von Oma und Opa? Sucht nach euren letzten Urlaubsorten. Mit Google Earth kann man sogar unter den Meeresspiegel tauchen und sich das Gelände unter Wasser ansehen. Ihr könnt euch auch historische Bilder der Erde anzeigen lassen.
Markiert doch alle Orte, an denen ihr bereits gewesen seid. Von vielen Städten gibt es 3D-Ansichten. Man kann auch Sonnenaufgänge und -untergänge beobachten. Und man kann den Mond erkunden, wenn man von der Erde genug hat.

Musik

Komponiert eure eigene Musik. Die Programme sind meist einfach zu verstehen und die Möglichkeiten sind unbegrenzt.

Fragen stellen

Ich finde es immer wieder erstaunlich, dass es auf fast jede Frage im Internet eine Antwort gibt oder sich sogar eine Diskussion entsponnen hat. Man muss nur

mal eine Frage in eine Suchmaschine eingeben und gucken, was rauskommt.
Zum Beispiel: »Warum stoßen Vögel beim Fliegen nicht zusammen?« oder »Warum ist Wasser blau?« oder »Warum haben Fische Schuppen?« oder »Warum ist die Banane krumm?« oder »Was ist eigentlich das Gegenteil von durstig?«
Welche Fragen fallen euch ein?

Bilder

Oder sucht nach unmöglichen Bildern. Gebt Begriffe ein wie: »Katze mit Hut« oder »Hund mit Fisch« oder noch albernere Dinge. Fest steht: Es gibt im Internet fast nichts, was es nicht gibt.

Namen suchen

Gebt doch mal eure Namen ein, vielleicht existieren noch mehr Menschen, die mit eurem Namen herumlaufen. Oder vielleicht hat ja jemand etwas über euch geschrieben.

Eine Homepage erstellen

Habt ihr nicht Lust, eine eigene Homepage zu erstellen? Oder einen Blog zu beginnen? Dann mal los! Es

gibt viele kostenlose Programme, die man benutzen kann und die relativ einfach zu bedienen sind.

Manchmal macht mir das Internet Angst. Ich fühle mich so klein und verloren. Alles findet im Internet statt. Man trifft dort Freunde, man lernt Gitarre spielen, man braucht keine Telefonbücher mehr, keine Stadtpläne aus Papier und keine dicken, fetten schönen Lexika, die gut nach Buch riechen, denn alles, alles, alles kann man im Internet nachlesen, lernen und machen.

Manchmal finde ich das alles aber auch faszinierend. Die Frage ist: Wo führt das hin? Werden wir bald nicht mehr in Geschäften einkaufen? Keine Briefe mehr schreiben und auch immer seltener Freunde im wirklichen Leben treffen? Können wir noch unterscheiden zwischen echten Freunden und Facebook-Freunden? **Wie viel Computer muss sein? Wie viel Computer darf sein?**

Ich drücke euch die Daumen und hoffe, dass ihr alle einen guten Umgang mit den Medien schafft und nie vergesst, dass es noch so viele schöne Dinge gibt, die man machen kann in der wirklichen Welt.

Zum Beispiel Blumen pflanzen …

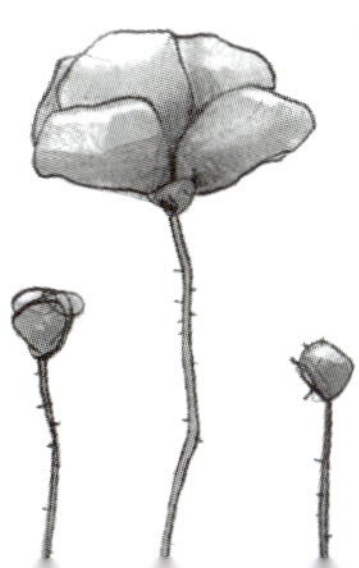

An Gleis 2 bitte einstiegen – Türen schließen selbsttätig – Vorsicht bei der Abfahrt!

27

Ein Wochenende auf dem Bahnhof

Wo ist der nächste große Bahnhof in eurer Nähe? Findet das doch heraus und dann nichts wie hin! Ein Bahnhof kann sehr spannend für Kinder sein und der Aufenthalt kostet nichts. Rucksack mit leckeren Dingen packen und los geht's.

Seht den Zügen zu, die ankommen und wegfahren.

Setzt euch auf eine Bank und beobachtet die Reisenden. Erfindet kleine Geschichten. Wo wollen sie wohl hin? Wo kommen sie her?

Wie liest man eigentlich die Fahrpläne?

Macht doch ein Spiel daraus. Wann fährt der Zug nach Hamburg ab und auf welchem Gleis kommt er an? Wie lange braucht der Zug von Ulm nach München?

Schließt die Augen und hört einfach mal zu.
Wie klingt eigentlich ein Bahnhof?

Vielleicht gibt es einen internationalen Presse-Kiosk und ihr könnt **eine ausländische Zeitung** kaufen. Diese Zeitung kann man lesen, wenn man die Sprache beherrscht, man kann sie aber auch zum Einpacken eines Geschenks nehmen, oder man pinnt sie sich an die Wand. Man kann damit sogar eine ganze Wand tapezieren oder ein Kistchen oder einen Ordner damit bekleben. Besonders schön sind dafür die japanische oder chinesische Zeitung. Aber auch französische Modezeitungen machen sich gut an einer Wand. Oder eine englische *Micky Maus*. Die kann dann zu Hause vorgelesen werden. Da lernt dann jeder gleich noch ein bisschen Englisch dazu.

Stellt euch doch auf eine Brücke, unter der Züge hindurchfahren, und winkt dem Lokführer.

Zu Hause könnt ihr die **Modelleisenbahn** von Papa, die sicher irgendwo auf dem Speicher steht, aufbauen und vielleicht eine neue Miniaturlandschaft dafür basteln. Falls es so eine Bahn bei euch zu Hause nicht gibt, dann baut doch nur die Landschaft. Aus kleinen Kartons, Pappe und Papier. Da können ja auch kleine Autos fahren oder ihr baut die Züge auch noch mit. Oder ihr bastelt einen Zug und einen Bahnhof aus Schuhkartons für die Stofftiere.

Wenn ihr am Freitag noch ein paar Wissensbücher über Züge aus der Bücherei geholt habt, könnt ihr sogar noch etwas lernen.

Und ganz vielleicht könnt ihr auch wirklich auf dem Bahnhof eine Fahrkarte für die Familie kaufen und am Samstagmorgen in einen Zug steigen, irgendwo übernachten und am Sonntagabend wieder zurückkommen. Vielleicht ...

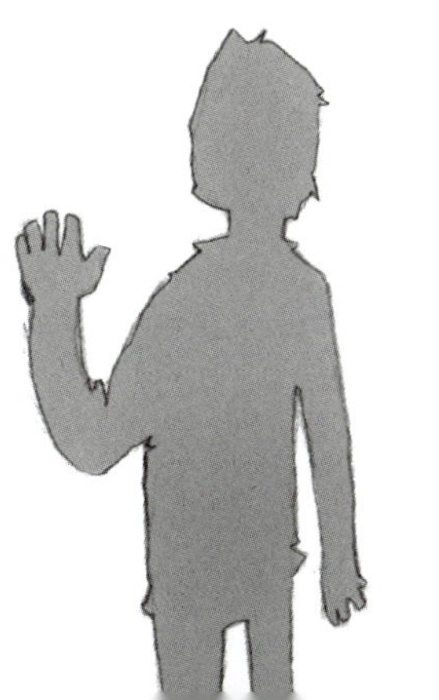

28

Ein Wochenende lang Natur pur

Dieses Wochenende würde ich viel öfter einschieben. Denn nichts tut so gut wie die Natur. Beobachtet euch, wie geht es euch nach einem Tag an der frischen Luft oder nach zwei Stunden fernsehen? Natur erdet. Kinder und natürlich auch die Erwachsenen. Ich stell mir das immer so vor: Wenn man in einer Großstadt lebt, kann man förmlich spüren, dass, wohin man auch geht, keine Erde unter einem ist: Straße, Pflastersteine, Tiefgaragen, Unterführungen, U-Bahnen. Keine Verbindung zur Erde. Keine wirkliche. Aber in den Bergen oder in einem Wald, da spürt man die Erde wirklich. Das gibt einem so viel Glück und Energie. Vielleicht brauchen wir das heutzutage noch mehr, denn wir sind umgeben von so vielen Strahlungen. Ihr könnt eurer Familie also nichts Besseres bieten als einen Tag im Wald, auf einer Wiese, an einem See, am Meer oder in den Bergen.

Ausflug in die Natur

(wenn ihr keinen Berg habt, dann auf einen Hügel oder in einen Wald oder an einen See):

Am **Freitag** leckere Dinge kaufen oder kochen, die man gut im Rucksack am nächsten Tag mitnehmen kann. Wie zum Beispiel: Hackfleischbällchen (auch vegetarisch möglich), belegte Brote, Karottensticks und Paprikastreifen mit Dip, Kekse und natürlich etwas zu trinken.

Dann wird die Route bestimmt. Ich finde ja einen Berg mit einer Alm immer sehr schön. Es gibt doch kaum was Besseres, als oben nach dem anstrengenden Aufstieg ein Glas Milch zu trinken oder einen Kaiserschmarrn zu essen. Aber wenn kein Berg und keine Alm in der Nähe sind, findet man sicher einen schönen Wald.

Samstag: Früh aufstehen. Ihr werdet es nicht bereuen. Vor allen anderen seid ihr auf den Straßen – ohne Stau. Wie? Es regnet? Macht nichts! Die Natur ist immer schön!

Beim Aufstieg oder bei der Wanderung: Damit es euch nicht so schnell langweilig und zu anstrengend wird, und die Frage »Wann sind wir endlich da?« nicht gleich nach zehn Minuten und dann im Fünf-Minuten-Rhythmus gestellt wird, habe ich ein paar Vorschläge für euch:

Singt Wanderlieder

»Das Wandern ist des Müllers Lust«,
»Ein Hut, ein Stock, ein Regenschirm …«,
»Eisgekühlte Coca Cola« …

Spielt das A-Z-Spiel

Zuerst wird bestimmt, was man sucht, zum Beispiel: Lieder. Das geht dann bei A los. Der Erste, vielleicht Papa, singt also: »Alle meine Entchen …«, der zweite Spieler, vielleicht Mama, überlegt sich nun ein Lied mit B: »Bibi Blocksberg, die kleine Hexe«. Kind 1 sucht ein Lied mit C, Kind 2 mit D, und dann fängt der Papa wieder an und muss ein Lied mit E singen. Man kann beim A-Z-Spiel auch Fantasiefiguren erfinden. Das Spiel funktioniert auch mit Namen, Filmen, Märchenfiguren und so weiter …

- Findet ihr Blätter im Wald, die so groß sind, dass man sie als Hüte aufsetzen kann?
- Kann man Pfeile oder andere Zeichen auf den Boden legen, die man beim Abstieg später wiederfindet?
- Habt ihr einen Bleistift und Papier dabei? Dann könnt ihr versuchen, eine Rinde oder ein Blatt durchzuschraffieren.
- Legt Herzen aus Steinen oder Stöcken für andere Wanderer.
- Einer läuft voraus und versteckt sich, die anderen suchen.
- Ist es warm genug, könnt ihr vielleicht ein Stück barfuß durch den Wald gehen.
- Gibt es spannende Abkürzungen?
- Geht mal ein Stück schweigend und lauscht den Geräuschen der Natur. Wer hält es länger aus, ohne etwas zu sagen?
- Überlegt euch spannende Fragen rund um die Natur: Wo kommen Berge eigentlich her?

- Sind die schon immer dagewesen?
- Oder sind die gewachsen wie Blumen?
- Wachsen Berge nach?
- Wie sind die Berge entstanden?
- Wie hoch ist wohl der höchste Baum und woher wissen Bäume, dass sie irgendwann aufhören müssen zu wachsen?
- Wie wäre es, wenn Bäume einfach immer weiterwachsen würden?

Und wenn's gar nicht mehr geht?

- Für alle 100 Schritte einen Kuss!
- Für alle 100 Schritte ein Gummibärchen oder eine Nuss?
- Füße in einen Bach hängen und kühlen!
- Frisches Wasser aus einer Quelle trinken.
- Schritte schätzen. Wie viele Schritte sind es wohl bis zur nächsten Biegung?
- Erzählt Geschichten von Waldtrollen und Elfen – vielleicht findet ihr auch ein paar Elfenhäuser unter einem Baum.

Geht rückwärts

Wer denkt sich die lustigsten Gangarten und Schritte aus? Einer sagt zum Beispiel: Schleichschritt, dann werden die nächsten zehn Schritte geschlichen. Der Nächste sagt: Hüpf-über-den-Graben-Schritt und schon gibt es von allen zehn Hüpf-über-den-Graben-Schritte. Und so weiter, bis man schließlich auf dem Berg ankommt.

Und dann ist man da – auf dem Gipfel oder am See. Und fühlt sich gut. Denn man hat ganz schön was geschafft! Wenn ihr auf einem Berg steht, jodelt doch gleich vor Freude mal runter ins Tal:

Oder sprecht mit dem Echo:
Wer ist der Bürgermeister von Wesel? Echo: Esel!
Was kostet die Butter in Dänemark? Echo: eene Mark!
Was essen die Studenten? Echo: Enten!
Was haben Reiche in der Tasche? Echo: Asche!

Tragt euch in das Gipfelbuch ein!

Und vielleicht gibt es sogar eine Hütte, auf der man übernachten kann!

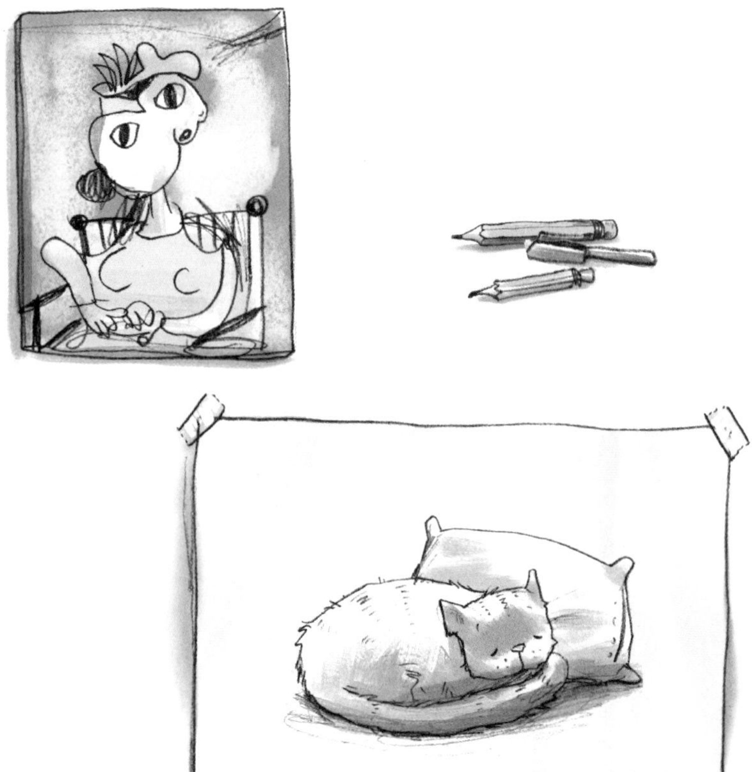

29

Familienkunst-Wochenende

Was ist denn Familienkunst? Na ja, eben Kunst mit der Familie! Oder anders formuliert: Hier wird die Familie zur Kunst. Und dies auf ganz unterschiedliche Arten:

Jeder malt jeden

Großen Spaß macht es, wenn jeder jeden malt, jeder von jedem eine Karikatur oder einen Scherenschnitt herstellt. Wenn ihr die unterschiedlichen Bilder mit den verschiedenen Techniken nicht allzu groß macht, könnt ihr alle Kunstwerke später auf diese kleinen Pappteller, die aussehen wie schön geschwungene Rahmen, kleben und aufhängen.

Porträt

Das erste Bild des Tages wird ein ganz normales Porträt. Es ist dabei völlig egal, wer am besten malt und wer am ähnlichsten, der Spaß dabei zählt!

Scherenschnitt:

Ihr braucht: schwarzes Tonpapier, Scheren, eine Lampe, weiße große Blätter, Bleistifte

Befestigt ein weißes Blatt an der Wand auf Höhe des Kopfes. Stellt die Lampe so auf, dass das Profil des zu Zeichnenden einen klaren Schatten auf das Papier wirft. Nun umfahrt ihr das Schattenbild mit dem Bleistift, anschließend könnt ihr das weiße Papier ausschneiden, auf das schwarze Papier legen und die Umrisse auf dieses übertragen. Wieder ausschneiden – fertig! Jetzt habt ihr einen wunderschönen Scherenschnitt.

Karikatur

Bei einer Karikatur geht es darum, die Merkmale der zu malenden Person völlig zu übertreiben. Seht euch jeden in der Familie daraufhin genau an. Wer zeichnet sich besonders durch eine markante Nase, große Augen, eine hohe Stirn oder volle Lippen aus? Seht euch vorab verschiedene Karikaturen im Internet an, damit ihr ein Gespür für diese Technik bekommt.

Collage

Druckt aus dem Computer verschiedene Porträtfotos der Familienmitglieder aus. Könnt ihr einen Kopf kleben, aus all diesen Fotos? Das rechte Auge ist ein Bild von Mama, das linke vom Hund Schnuffi, die Nase von Oma Lieschen und der Mund von Sohn Max?

4 x Porträt

Oder druckt von jedem viermal dasselbe Porträt aus (etwa DIN A4). Jetzt klebt die vier Bilder auf eine große festere Pappe. Und nun darf jedes Bild auf eine andere Art und Weise verändert werden. Eines wird vielleicht mit Buntstiften bemalt, ein anderes mit Wolle beklebt, eines mit Bildern von Augen, Nase und Mund aus Zeitschriften überklebt und eines mit bunten Fetzen aus Tonpapier wie ein Mosaik gestaltet.

Selbstporträt

Jetzt malt jeder ein Bild von sich selbst. Oder zwei? Oder drei? Denn Übung macht den Meister. Dazu setzt ihr euch mit Papier und Stift vor den Spiegel. Hört mit den Porträts erst auf, wenn ihr das Gefühl habt, jetzt sieht es euch ein bisschen ähnlich. (Na ja, ihr müsst nicht bis zum nächsten Tag vor dem Spiegel sitzen bleiben.)

Das Familienbild

Und nun malt jeder noch ein Bild der ganzen Familie. Wer gehört alles dazu? Opa und Oma und die Tante Ilsebilse auch?

Karteikarten

Vielleicht habt ihr Lust, all diese Porträts auf Karteikarten (DIN A6) zu malen. Dann kann man am Abend alle nebeneinander an eine Wand hängen und eine kleine Ausstellung machen. Ihr könnt die Karten auch mit Wäscheklammern an eine lange Wäscheleine hängen. Einmal quer durchs Wohnzimmer.

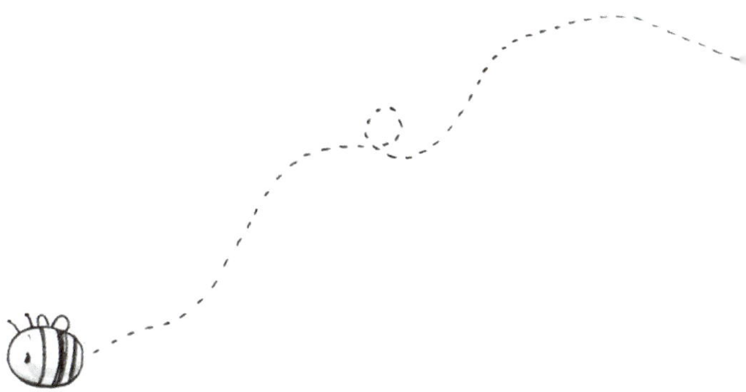

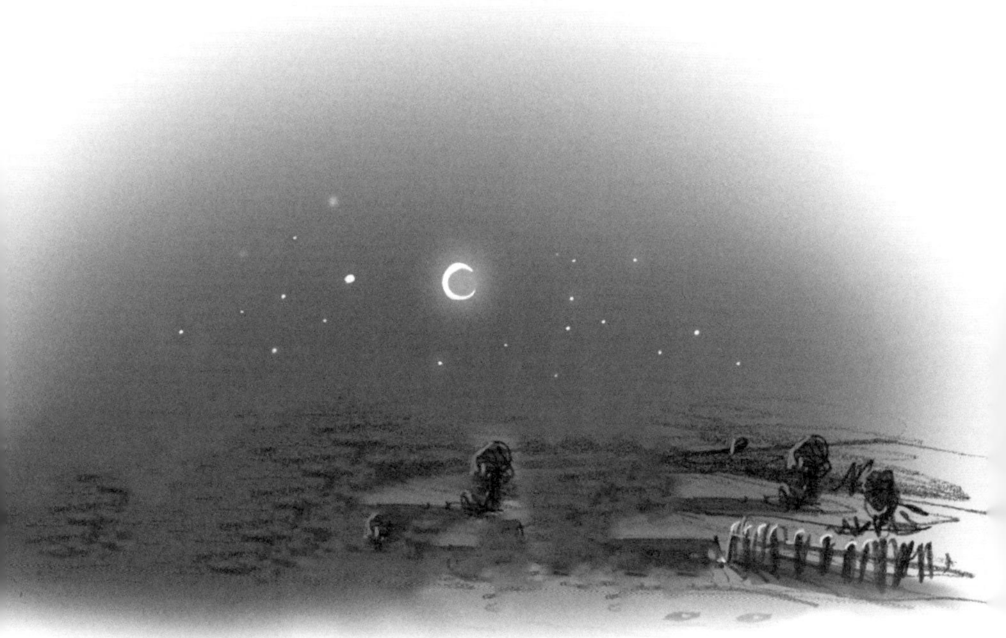

30

Ein Wochenende im Weltall

Na, schon mal ins Weltall gereist? Noch nicht? Dann wird es aber höchste Zeit!

Dieses Wochenende geht es los. Wer Lust hat, baut am Samstagvormittag erst einmal aus großen Kartons ein Raumschiff. Es darf auch eine Rakete oder ein Ufo sein. Große Kartons bekommt man in Technikläden (der Karton eines Kühlschranks oder eines Fernsehers ist gut geeignet oder Umzugskartons).

Aus der Bücherei leiht man sich viele Raumfahrt- und Weltallbücher aus, damit man gleich alles Wichtige nachlesen kann.

Gibt es bei euch in der Nähe eine Sternwarte? Nichts wie hin!

Ein großes Papier kann an die Wand gehängt werden. Alle Planeten werden ausgeschnitten und in der richtigen Reihenfolge auf das Weltallpapier geklebt. Was kann sonst noch im Weltall rumfliegen? Eine Kuh vielleicht? Ein Opa im Schaukelstuhl? Malt alles, wozu ihr lustig seid, und lasst es auf dem Bild im Weltall herumfliegen.

Zum Essen gibt es Sternennudelsuppe und ihr könnt Mond- und Sternekekse backen.

Wie wäre es mit einem **selbst gemachten Raumanzug?** Einweganzüge gibt es günstig in Baumärkten und die sehen aus wie echte Raumanzüge. Dazu einen Helm aus einem Pappkarton oder einen großen Luftballon als Unterbau für einen Pappmaschee-Helm benutzen.

Aliens könnt ihr auch aus Müll basteln, genau wie kleine Raketen und Raumschiffe. Dazu in der Woche davor bereits Alufolie, Chipsdosen, Flaschendeckel und alte CDs sammeln – also alles, was silbern glänzt.

Aliens nähen! Einfach Aliens auf Stoffe aufmalen, den Stoff doppeln, ausschneiden, zusammennähen und Augen aus Knöpfen drauf. Vielleicht noch einen Mund aufsticken, fertig!

Oder man kann

- einen Milchshake trinken auf der Milchstraße
- Raketen bauen aus Toilettenpapierrollen
- ein kleines Sonnensystem-Mobile aus verschiedenfarbigen Styroporkugeln basteln
- eine Weltraumfantasiereise als Entspannungsübung machen
- nachts die Sterne am Himmel ansehen, einen Stern aussuchen und ihm einen Namen geben
- Sternschnuppen entdecken

Sagt mal:

Darf theoretisch jeder mit einer Rakete zum Mond fliegen? Darf man den Mond einfach betreten? Wem gehört der Mond eigentlich?
Wo ist denn schon mal in Deutschland ein Meteor gelandet?
Wo kann man in Deutschland etwas über Raumfahrt erfahren?

31

Das Papperlapappe-Wochenende

Aus Pappe kann man herrliche Dinge bauen. Pappe lässt sich am besten mit einem Cuttermesser schneiden – Cutter sind allerdings eher Elternsache.

Wie wäre es zum Beispiel mit:

Einem kleinen Piratenschiff

Druckt euch ein paar Bilder von einem schönen Piratenschiff aus dem Internet aus oder holt euch ein Piratenbuch aus einer Bücherei. Dann könnt ihr die Pappe oder einen Karton nach einer schönen Schiffsvorlage bearbeiten. Die Segel (Reststoffe) kann man mit Gummis an Holzmasten (japanischen Essstäbchen oder Rundhölzern aus dem Baumarkt) befestigen.

Ein Puppenhaus

Dazu braucht ihr einige Schuhkartons. Hilfreich sind Stoff- und Tapetenmusterbücher – die bekommt man in Einrichtungsgeschäften. Ruft dort einfach an und fragt, ob gerade die alten Musterbücher aussortiert worden sind und irgendwo nutzlos herumliegen. Ihr könnt die Schuhkartons (ohne Deckel natürlich) übereinanderstellen oder aneinander. So wird es entweder ein Puppenhaus oder eine Wohnung. Ihr könnt auch ein Puppenhaus aus Pappe bauen, richtig schön mit Veranda und Treppen.

Eine Miniaturlandschaft

Dies könnte ein richtiges Wochenendprojekt werden. Auf eine große Pappe wird mit vielen kleinen Pappen und gesammelten Pappkistchen (zum Beispiel Arzneimittelverpackungen) eine Stadt gebaut. Malt erst einmal einen groben Plan auf den Untergrund. Wo sollen die Straßen, die Kreuzungen und die Häuser hinkommen? Gibt es vielleicht einen Park mit einem Spielplatz? Oder einen Fluss, der durch ganz Pappenhausen führt? Auch Autos und Menschen werden aus Pappe zusammengeklebt und bemalt. Ein

Hochhaus, ein Schwimmbad, eine Kirche, eine Schule, eine Tankstelle?
Vielleicht baut ihr auch eine Eisenbahnlandschaft mal ganz aus Papier und Pappe. Jeder kann nach seinem eigenen Können ein Häuschen oder einen Baum dazu beisteuern. Habt ihr einen Platz in der Wohnung, an dem das kleine Pappenhausen eine Weile stehen bleiben, und jeder, wenn er Lust hat, daran weiterbauen kann?

Euer eigenes Haus

Gibt es von eurem Haus oder eurer Wohnung einen Grundriss? Dann holt ihn mal raus und versucht, aus Pappe oder kleinen Kartons euer Zuhause nachzubauen. Alle helfen mit.
Aus Papier oder Pappe können auch die Miniaturmöbel angefertigt werden. Oder man richtet sich ganz anders ein. Vielleicht möchte man bunte Tapeten aus Geschenkpapier oder einem Stoffmusterbuch.
Die Möbel kann man auch aus anderen Dingen herstellen. Einen Stuhl aus einem Korken, einen Tisch aus einem Joghurtbecher, ein Bett aus einem leeren Frischkäsebehälter und eine Lampe aus einem Muffin-Tütchen. Bilder für die Wand können aus Zeit-

schriften ausgeschnitten werden. Und dann muss man natürlich selbst einziehen.

Einfach Fotos der Familienmitglieder ausschneiden und auf Pappe kleben. Kleine Sockel an die Füße stecken, damit die Figuren stehen können.

Fertig ist die Familie!

Nun kann man hier einerseits spielen – andererseits kann man die Gelegenheit nutzen, um zum Beispiel seine Wohnung oder sein Haus mal wieder umzugestalten.

Wollt ihr vielleicht Zimmer tauschen? Oder lediglich die Möbel verrutschen?

Hier könnt ihr alles ausprobieren.

Kopf durch die Wand

Wie wäre es, mit einem Kopf-durch-die-Wand-Bild? Dazu braucht ihr eine menschengroße Pappe, darauf malt ihr eine Figur – zum Beispiel einen Piraten –, dann wird an der Stelle des Kopfes ein Loch hineingeschnitten, durch das ihr euren Kopf von hinten stecken könnt. Und schon habt ihr ein lustiges Fotomotiv!

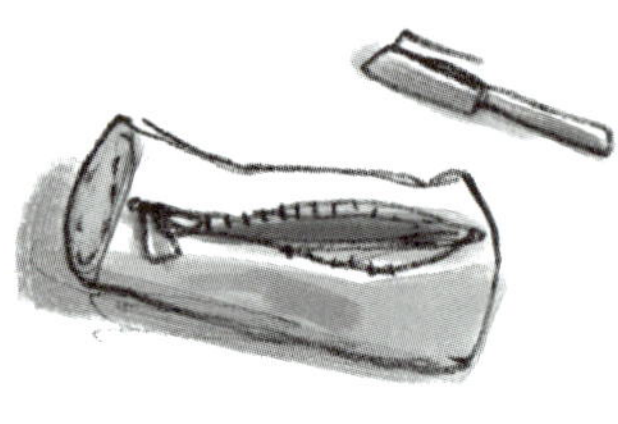

Brot mit Belag

Ihr könnt aus Pappe und Papier auch kleine Brote mit Salami, Schinken, Gurken ausschneiden. Dann kann man Brotzeit spielen. Oder schneidet eine Pizza aus und lasst sie mit Pappsalami und Papieroliven belegen. Und wenn ihr zufällig schon einen Kaufmannsladen aus einem Pappkarton gebastelt habt, können die Snacks hier auch verkauft werden.

Murmelbahn

Sammelt ganz viele leere Toiletten-, Küchen- und Geschenkpapierrollen. Und dann kann es losgehen. Baut eure eigene Murmelbahn. Von einer Leiter hinunter oder vom Hochbett? Oder die Treppe runter in den Garten? Die Papprollen kann man mit Klebeband zusammenkleben oder ineinanderstecken, wenn man eine Seite mit der Schere ein paarmal einschneidet. Man kann Abzweigungen machen, indem man eine Rolle seitlich in eine andere steckt, und ganz unten könnte die Murmel in einer Schüssel landen. Gebt nicht gleich auf, wenn die Murmeln nicht sofort den Weg durch die Papprollen schaffen. Umso mehr kann gejubelt werden, wenn endlich die erste Murmel unten mit einem Knall in die Schüssel fällt.

32

Das tierisch gute Wochenende

An diesem Wochenende dreht sich alles um Tiere. Auch wenn ihr vielleicht kein Haustier habt, es gibt genügend Möglichkeiten, Tieren zu begegnen.

Im Zoo oder Tierpark

Nun ist ein Zoobesuch meist ein fester Bestandteil der verschiedenen Familienausflüge, aber es gibt ein paar Ideen, den Zoobesuch auch einmal anders zu gestalten.

➪ Jeder nimmt einen **Malblock und Stifte** oder sogar Aquarellfarben mit. Dann malt die Tiere ab, als schwarz-weiße Bleistiftskizzen oder bunt.

Vielleicht malt ihr aber auch nur die verschiedenen Fellstrukturen und Muster ab. Wie? Ihr sagt, ihr könnt nicht malen und schon gar keine Tiere?

Dann wird es Zeit, dass ihr es lernt. Setzt euch vor ein Tier und seht es euch ganz genau an. Welche Merkmale hat es? Nehmen wir zum Beispiel den Elefant: ein ovaler Kreis für den Bauch, ein leicht rundlicher Kreis für den Kopf. Wenn ich jetzt noch dicke Beine, einen dünnen Schwanz mit Puschel, einen langen Rüssel, zwei spitze Zähne und zwei große Ohren dazumale, ist er schon fertig und jeder wird sofort erkennen, welches Tier ihr da gemalt habt. Denn auf das Wesentliche kommt es an. Erst schauen, dann malen. Was sind die wichtigsten Merkmale? Woran erkennt man das Tier?
Malt so oft einen Elefanten ab, bis ihr einigermaßen zufrieden seid, ich verspreche euch, es wird immer besser!

➪ Foto-Safari

Ihr könnt auch eine Foto-Safari machen. Wer schießt das beste, außergewöhnlichste Tierfoto?

➪ Oder jedem wird **ein Thema** zugeteilt: Tiere in Afrika; alles, was gestreift ist; alles, was im Wasser lebt, oder alles, was rot ist.

➪ Man kann auch eine **kleine Rallye** oder ein **Quiz im Tierpark** veranstalten. Dazu bekommt jeder eine Liste mit Dingen, die er finden muss:
Finde ein Tier
... das auf Bäumen lebt
... das so alt wird wie kein anderes
... das am Tag schläft
... aus jedem Kontinent.

Welches ist das größte, das älteste, das kleinste, das schnellste, das komischste Tier im Zoo?
Schätzt einfach mal, wie viel Geld das Futter pro Tag für alle Zootiere kostet?
Dazu müssen Informationsschilder gelesen oder Tierpfleger befragt werden.

➪ **Betretet den Zoo als Tierforscher.** Jetzt ist Beobachtung gefragt. Wie verhalten sich die Tiere? Leben sie in Gruppen oder sind sie eher Einzelgänger? Sind sie faul oder lebhaft? Wie und was fressen sie? Alle Beobachtungen werden in ein kleines Forscherbuch geschrieben. Wer möchte, kann noch Bilder aus Prospekten oder Zeitschriften ausschneiden oder ein selbst gemachtes Foto dazukleben.

Hunde ausleihen

Ist kein Zoo in der Nähe, kann man ein Tierheim besuchen. Viele Tierheime brauchen Freiwillige, die mit den Hunden Gassi gehen. Ein echtes Erlebnis für eure Kinder, wenn ihr keinen eigenen Hund habt!
Auch ältere Herrschaften mit Hund freuen sich über einen zuverlässigen Gassigeher – und für Familien sind Leihhunde etwas sehr Praktisches.

Bauernhof

Wie wäre es mit einem Wochenende auf einem Bauernhof? Zwischen Kühen und Schweinen, geweckt vom Hahn mit frischen Hühnereiern zum Frühstück.

Zu Hause

Auch zu Hause kann man ein tierisches Wochenende verbringen.
Habt ihr Lust, Tierforscher im eigenen Heim zu werden? Dann legt doch ein Terrarium oder Aquarium an, in das ihr Flusskrebse, Kaulquappen, Dinokrebse oder Raupen setzt.
Erkundigt euch aber vorher, welche Lebensbedingungen die Tiere brauchen, um glücklich zu sein. Urzeitkrebse kann man übers Internet bestellen. Kaul-

quappen muss man schon selbst aus Teichen fischen. Wichtig: die Fröschchen später wieder an einem geeigneten Ort aussetzen.
Klebt doch eine große Tiercollage auf ein riesiges Plakat! Die Tiere können selbst gemalt oder aus Zeitschriften ausgeschnitten werden. Alles wird wie ein richtiges Wimmelbild auf das Papier geklebt. Vielleicht habt ihr euch ja ein Motto überlegt? Ein Wimmelbild im Zoo oder ein Wimmelbild im Dschungel?

Der große Maltisch

Einer sagt an, was gemalt wird: Malt mal einen Krokofant! Und wie sieht ein Krokofant aus? Ja, das ist die Frage. Genauso gut kann man ein Entendil, einen Mamagei, einen Camenbär, eine Pandaschlange oder eine Elefantenfliege malen, aber auch eine Nebelstute, eine Holzbiene, Flugschlange, Fettmücke, Schmollkatze, Dinogei oder noch wilder: einen Zwirbeldinger oder einen Grottenschleicher oder die berühmte Zottelschlange.

Aus all diesen lustigen Tierbildern kann man, wenn man möchte, auch ein Buch binden. Habt ihr Lust, euch zu den Bildern noch kurze Geschichten auszudenken oder kleine Gedichte? Vielleicht könnt ihr die Bilder auch einscannen und als Fotobuch vervielfältigen. Dann hat man gleich für die Verwandtschaft ein wunderschönes Geschenk!

Mein Gedicht zum Zwirbeldinger

Es war einmal ein Zwirbeldinger,
ein kleiner, aber nicht geringer,
der krabbelte auf meinen Finger
und holte aus zu einem Schwinger,
doch er war kein guter Springer
und landete – im Dreck.
Da war der Zwirbeldinger weg!

An diesem Wochenende kann aber auch ein Bauernhof oder ein Zoo für die Gummitiere gebaut werden – aus Pappe oder mithilfe von Bauklötzen. Oder formt doch Tiere aus Ton.

Tierspiele

➪ Der Schäfer sucht seine Schafe

Ein Kind ist der Schäfer, dem werden die Augen verbunden. Alle anderen sitzen im Kreis. Der Schäfer setzt sich auf einen Schoß und sagt: »Mach mal Määh, kleines Schaf!« Jetzt muss das Schaf Mäh sagen und der Schäfer muss erraten, um wen es sich handelt. Hat er es erraten, muss derjenige, der Mäh gesagt hat, Schäfer sein.

➪ Was bin ich?

Jedem wird ein Zettel auf die Stirn geklebt. Darauf steht ein Tier. Bei kleineren Kindern kann man das Tier auch auf den Zettel malen. Keiner weiß natürlich, was auf seiner Stirn steht. Jetzt muss jeder nacheinander raten, wer er sein kann. »Bin ich ein großes Tier? Bin ich auf dem Bauernhof zu Hause? Hab ich Federn?« Die anderen antworten mit Ja und Nein. Man darf so lange fragen, bis die Antwort der anderen ein Nein ist. Hat man das richtige Tier erraten, darf man den Zettel von der Stirn abziehen und hat gewonnen.

Ach ja und noch was Wichtiges: Gekocht wird an diesen Tagen natürlich vegetarisch!

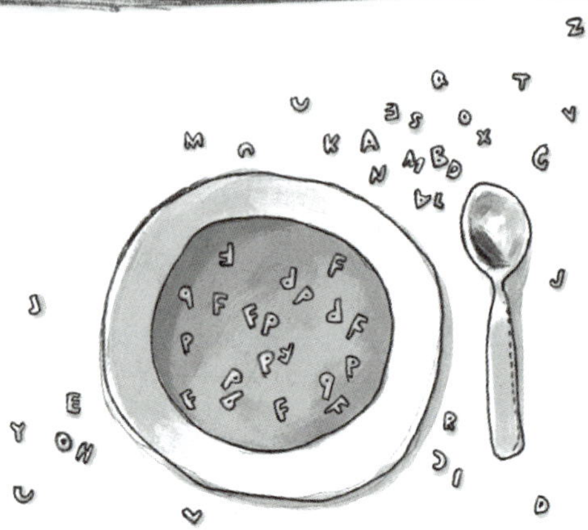

Und nicht zu vergessen, die Bienen

Meine Herzensangelegenheit sind natürlich die Bienen, die an einem tierisch guten Wochenende auf keinen Fall vergessen werden dürfen. Einige Ideen, was ihr mit Bienen machen könnt, gibt es ja schon in meinen Frau-Honig-Wochenenden. Also: auf zum Imker, pflanzt Blumen, zählt Bienen, esst Honig!

33

Das Wohlfühl-Wochenende

Jetzt wird mal was für die Gesundheit getan. Für das Wohlbefinden. Den Körper, den Geist und die Seele. Beginnen wir den Samstagmorgen doch einfach mit einer Yoga-Stunde. Ein Yoga-Buch kann man in der Bücherei ausleihen oder ihr greift auf die vielen Yogastunden im Internet zurück. Yoga macht auch den Kindern Spaß, denn es gibt viele Figuren, die lustige Namen haben: den herabschauenden Hund, die Katze, die Happy-Baby-Pose, die Krähe, die Sphinx, der Baum ...

Wenn man Yoga regelmäßig in sein Leben einbauen möchte, empfehle ich ein Plakat, auf dem der Sonnengruß abgebildet ist. Den könnt ihr selbst fotografieren und die Bilder dann auf das Plakat kleben, damit bleibt die Reihenfolge für alle im Gedächtnis.

Und Meditation

Die Meditation kann für die Kinder auch eine Traumreise sein.

Um uns daran zu erinnern, dass heute ein Wohlfühltag ist, könnt ihr **schöne Sprüche** an den Spiegel schreiben oder Sprüche auf Zettel notieren und in der Wohnung aufhängen.

Vergangenheit ist wichtig!
Zukunft ist wichtig!
Doch leben tun wir in der Gegenwart. (Aus China)

Leben geschieht nur im gegenwärtigen Augenblick.
(Thich Nhat Hanh)

Nicht das Leben mit Tagen füllen, sondern die Tage mit Leben.
(Aus Japan)

Wenn du das Leben liebst, dann gilt es, keine Zeit zu verschwenden, denn aus Zeit besteht das Leben.
(Aus China)

Hach, ich liebe schlaue Sprüche! Die gehen runter wie Honig.

Schweigen

Reden ist Silber – Schweigen ist Gold!
Schweigen, wenn man allein ist, ist ja einfach, aber wie ist das innerhalb der Familie? Gelingt es allen, eine Stunde die Stille zu ertragen? Auf los geht es los. In dieser Zeit, in der wir immer und überall berieselt werden, tut Stille unglaublich gut. Auch ein Spaziergang durch den Wald, ganz in Stille, ist einfach wunderbar. Man kommt wieder ganz bei sich an.
Damit es den kleineren Kindern leichterfällt, ihre kleinen Mäulchen mal für ein Weilchen zu halten, kann man die Münder mit einem imaginären Schlüssel abschließen und den Schlüssel in die Tasche stecken. Nach Ablauf der Zeit sperrt man alle Münder wieder auf. Vielleicht trägt das Kind den Schlüssel der Eltern in der Tasche.

Beginnt heute eine zuckerfreie oder fleischfreie Woche. Kauft gemeinsam auf einem Markt frisches Gemüse und bereitet ein Essen zu, bei dem sich der Körper richtig wohlfühlt.
Stellt für jeden eine Flasche mit 1,5 Liter Wasser bereit (Bändchen drum mit Zettel, auf dem der Name des Familienmitglieds steht). Wer schafft es, die Flasche bis zum Abend auszutrinken?

Und dann ein bisschen Sport

Joggen um einen See? Durch einen Wald? Mit der ganzen Familie. Gestaltet einen eigenen Trimm-dich-Pfad. Dazu müsst ihr euch auf eurem Weg einfach überlegen, was wo gesportelt wird: Kniebeugen, Liegestütze, Hüpfen, Slalomlaufen, Klimmzüge, Bauchmuskelübungen ...

Vielleicht wollt ihr heute auch mal Tennis oder Tischtennis oder Federball spielen oder Schwimmen gehen?

Und am Abend wird gebadet. Mama mit Papa bei Kerzenschein?

Die Kinder bekommen ein herrliches Fußbad mit anschließender Fußmassage.

Und für die Haut?

Verschiedene kleine Packungen mit Gesichtsmasken in der Apotheke kaufen. Jeder darf sich eine aussuchen. Oder macht euch eine Maske selbst! Vielleicht aus Honig!

Massage

Die meisten Kinder lieben Massagen. Zum Beispiel auf dem Kopf – manche nennen es »Lausen«. Dabei zieht man ganz sacht an den Haaren, als würde man

nach Läusen suchen (was man in Kindertagen auch manchmal muss und ja auch normal ist).
Oder eine sanfte **Gesichtsmassage**. Streichelt dabei dem Kind mit einem Finger ganz sacht über die Nase, die Stirn und um den Mund. Leichte Spiralen formen, so als würde man das Gesicht bemalen. Das kitzelt ein bisschen, tut aber unglaublich gut.
Weiter geht es mit einer Handmassage. Handfläche und Finger zart streicheln. Und schließlich eine Rücken- bzw. Ganzkörpermassage, die darf auch ein wenig fester sein. Walgen und kneten. Wie eine kleine Pizza. Erst mal wird der »Teig« geknetet, ausgewalgt und belegt und schließlich in den Ofen geschoben, dazu die Hände ganz schnell aneinanderreiben, und dann die heißen Handflächen auf den Rücken des Kindes legen.

Zum Wohlfühlen gehört aber vielleicht auch ein **Tänzchen**, ob langsam oder wild ist völlig egal – Musik an und los geht's. Tanzen macht einfach glücklich!

Ich würde ja gern Mäuschen sein, um zu sehen, welche Wochenenden ihr euch ausgesucht habt. Und ob sie euch genauso viel Spaß machen wie mir. Eure Frau Honig

(Sabine Bohlmann)

Bohlmann, Sabine:
Frau Honigs zauberhafte Tipps fürs Wochenende
ISBN 978 3 522 50743 1

Gesamtausstattung: Joëlle Tourlonias
Innentypografie und Satz: Eva Mokhlis, Swabianmedia, Stuttgart
Reproduktion: DIGIZWO GbR, Stuttgart
Druck und Bindung: Livonia Print, Riga

Blumenstraße 36, 70182 Stuttgart
Bei Fragen zum Produkt:
service@thienemann.de
Printed in Latvia.

3. Auflage 2026
www.thienemann.de

MIX
Papier | Fördert gute Waldnutzung
FSC® C002795
PRODUZIERT MIT VERANTWORTUNG